幼儿园 STEM
教育活动设计方法与实例

从好奇宝宝到问题解决专家

侯宇岚　田　敏／主编

图书在版编目（CIP）数据

幼儿园STEM教育活动设计方法与实例：从好奇宝宝到问题解决专家/侯宇岚，田敏主编．—北京：中国轻工业出版社，2023.10（2025.1重印）
ISBN 978-7-5184-4213-3

Ⅰ．①幼…　Ⅱ．①侯…　②田…　Ⅲ．①科学知识-教学研究-学前教育　Ⅳ．①G613.3

中国版本图书馆CIP数据核字（2022）第239243号

保留所有权利。非经中国轻工业出版社"万千教育"书面授权，任何人不得以任何方式（包括但不限于电子、机械、手工或其他尚未被发明或应用的技术手段）复印、拍照、扫描、录音、朗读、存储、发表本书中任何部分或本书全部内容（包括但不限于光盘、音频、视频等）。中国轻工业出版社"万千教育"未授权任何机构提供源自本书内容的电子文件阅览、收听或下载服务。如有此类非法行为，查实必究。

责任编辑：吴　红　　　　责任终审：张乃柬
文字编辑：李芳芳　　　　责任校对：刘志颖
策划编辑：吴　红　　　　责任监印：吴维斌

出版发行：中国轻工业出版社（北京鲁谷东街5号，邮编：100040）
印　　刷：中国电影出版社印刷厂
经　　销：各地新华书店
版　　次：2025年1月第1版第2次印刷
开　　本：787×1092　1/16　印张：16
字　　数：180千字
书　　号：ISBN 978-7-5184-4213-3　　定价：78.00元

读者热线：010-65181109
发行电话：010-85119832　　010-85119912
网　　址：http://www.chlip.com.cn　　http://www.wqedu.com
电子信箱：1012305542@qq.com

版权所有　侵权必究

如发现图书残缺请拨打读者热线联系调换

242413Y1C102ZBW

本 书 编 者

主编： 侯宇岚　田　敏

编委（按姓氏拼音排名）：

杜秋虹	傅伟芳	甘　露	何义倩	何义婷	洪晓静	黄健峰
黄禄萍	柯淑满	李凡非	李　娟	梁雪莲	林萍萍	林毅凤
刘金林	刘佚菡	罗　淋	马灵雁	莫嘉慧	潘莉华	苏舒琼
王佳旖	吴纯青	杨洁茹	杨书丽	叶婉红	余　萍	袁水玲
张丹丹	张　爽	邹　平				

推 荐 语

STEM教育以解决真实问题的方式培养一代新人，早期STEM教育则帮助幼儿迈出面向未来的第一步。本书简明、清晰、好用，作者以此书为有志于STEM教育的幼儿教师提供了一套工具，旨在帮助每一名幼儿教师跨越学科的藩篱，开拓STEM教学之路，书写更广阔的未来。

——朱永新（中国陶行知研究会会长，新教育实验发起人）

早期STEM学习至关重要。在STEM教育领域中，有很多需要教育者探究的重要问题，比如：高质量的幼儿STEM学习经验的标准是什么？什么样的学习经验最有利于幼儿理解基本的STEM概念？我们应该为幼儿教师提供哪些有力的STEM教学支持？……本书对这些问题做出了积极的探索，并且梳理了具体可操作的方法，相信可以为幼儿教师带来有益的启发和帮助。

——陈杰琦（美国埃里克森儿童发展研究生院教授）

本书介绍了幼儿园开展STEM教育的尝试。不同于其他书籍中用案例代替理论探讨的做法，该书对STEM教育的实施做出了清晰的理论和实践指引，不仅说明了怎么做，还说明了为什么这样做，构建了STEM教育的框架。指引性书籍是我最推崇的、基础教育实践者呈现研究成果的形式，它既有做法，又有道理，是一种"思维展示"过程。我认为，STEM教育的价值之一就是它能够让我们更多地看到彼此的思维过程，而不是观点差异。

——曾晓东（北京师范大学教育学部教授，
联合国教科文组织国际农村教育研究与培训中心执行主任）

科学素养和科学精神，是人类得以持续发展的原动力；工程和技术，是人类与大自然和大社会架起沟通桥梁的重要手段；数学是人类生活的金钥匙。我们欣喜地看到，本书作者用大量的幼儿园游戏和生动有趣的深度学习的实践故事，有序、有机地串起了科学、技术、工程和数学的珠子，帮助幼儿教师培养幼儿秉持科学态度、善用科学思维和方法解决周围世界中的难题的好习惯。

——周念丽（华东师范大学教育学部教授）

幼儿是小小科学家，他们的探索充满了童真和童趣。本书图文并茂，书中生动有趣的案例记录了幼儿的奇思妙想及他们解决问题和进行深度探究的独特过程。相信本书不仅能帮助幼儿教师厘清幼儿园科学教育与STEM教育的异同，而且能为幼儿教师开展STEM教育活动、读懂幼儿带来新的启迪。

——叶平枝（广州大学教育学院教授，博士生导师）

STEM教育是传统的科学教育在学习方式上的变革与提升，对教师来说，它也是挑战和改进自身的教学技能、工作方法的机会。本书帮助幼儿教师抓住了STEM教学的关键，统一了教学的目标与过程，提出了教师和幼儿"平行学习"的理念，为解决一线幼儿教师的各种实际问题提供了切实可行的思路和方法。使用这些方法的幼儿教师必将受益匪浅。

——甘露（特级教师，广东省深圳市龙华区教育科学研究院教研员，龙华区教科院幼教集团总园长）

作为STEM教育的起点，幼儿园通过让幼儿根据已有经验自己动手应对他们感兴趣的、与他们的生活相关的一些实际问题，来帮助幼儿学会发现问题、自主思考和解决问题。本书上编从STEM教育的内涵和发展切入，可使读者更全面、更深入地了解STEM的教育理念；下编深入浅出地介绍了STEM教育的方法，对案例的阐述精准透彻，为一线幼儿教师提供了较好的教育参考。

——陈继开（广东省惠州市新华职业技术学校校长）

推荐语

STEM教育自引入中国以来，受到广泛关注。其核心就是让儿童主动探索和思考，主动寻求问题的解决方法。作者在本书中详尽地分析了高质量的STEM教育的概念、标准和有效的支持策略等，并用大量的数据、案例和丰富的教育经验告诉我们：实践出真知。书中还列举了幼儿学习解决问题的方法、路径和效果，这些通过主动探索、亲身实践和解决真实的问题而获取的经验是影响幼儿一生的宝贵财富。本书是近几年来早期STEM教育领域里的一部十分难得的好作品，我推荐教师、家长和幼儿一起学习。

——王永军（辽宁省大连通用双语婴幼园创始人）

STEM教育是什么？就是一种让儿童将跨学科的知识运用到解决真实问题的场景中，将零散的知识变成一个互相联系的整体的教育方式。本书不仅让我们厘清了STEM是什么，还给了一线教师相关的幼儿学习标准和活动实施路径。书中提供的每一个案例都来源于幼儿真实的生活情境。通过阅读本书，我们可以了解如何结合日常生活来实施STEM课程，收获知识并创造性地解决生活中的问题。阅读、实践、思考、创新，探索教与学的真谛，我们共同努力！

——吴赛姬（浙江省余杭区塘栖镇第二幼儿园教学园长）

无论对于尚在学业阶段的幼儿教育专业学生，还是对于从事幼教工作的教育者来说，这都是一本相当具有阅读价值的关于STEM教育理念和实践的工具书。书中对STEM教育的解读让我重新审视自身对于STEM教育的理解和实习期间的实践经历，使我对STEM教育有了更深刻的理解，并且感受到了引导孩子们探索STEM的价值和乐趣。书中有关STEM教学的实践案例，可以帮助读者将理论更好地运用到教学实践中。

——张洺嘉（澳大利亚悉尼大学幼儿教育专业大三在读学生）

前　言

进入 21 世纪，STEM 教育的重要性日益彰显。STEM 是科学 (science)、技术 (technology)、工程 (engineering) 和数学 (mathematics) 四门学科英文首字母的缩写，STEM 教育与早期教育的目标是一致的，即鼓励幼儿通过自己的感官与世界接触，满足他们的好奇心和探究欲。高质量的 STEM 教育鼓励幼儿跨领域地发展批判性思维和问题解决能力，为他们在未来学习和思考更复杂的内容搭建台阶。同时，它还能培养幼儿的创造力和审美力，提升他们的语言和读写能力。

早期 STEM 教育如此重要，但由于其属于新兴的跨学科教育领域，因此，幼儿教师在实践时难免会面对各种各样的挑战与问题。这些问题可以分成以下两大类。

（1）STEM 教师到底教什么？对比语言、艺术、健康、科学、数学、社会这些有明确界定的领域，STEM 教育的教学内容到底是什么？教科学知识、数学概念？教简单编程？教幼儿动手做东西？五花八门的 STEM 活动让人眼花缭乱，是什么都能教吗？抑或 STEM 只是传统科学领域的新叫法？……

（2）STEM 教学到底怎么教？在规划课程时，教师需要在各种活动之间建立怎样的逻辑和关系？该围绕什么样的线索来组织教学活动？如何评估教学效果？教师不懂 STEM 知识怎么办？……

本书试图以简洁、清晰的方式回答这两个问题，为幼儿教师搭建理解幼儿园 STEM 教育的基础认知框架。

在本书上编，我们通过《3—6 岁儿童 STEM 学习标准》(以下简称《标准》) 界定了幼儿在 STEM 学习中的实践行为和需要接触的跨学科概念，以帮助教师明确教学活动中需要关注的核心内容，并将其作为评估标准运用于所有的 STEM 活动中。

在本书下编——关于如何组织具体的 STEM 活动过程，我们建议教师把解决问题的过程与活动组织的过程统一起来，将科学思维和工程思维的一般流程整合到整个教学过程中。为了让教师更好地理解如何将《标准》和思维流程运用于实际教学，

幼儿园 STEM 教育活动设计方法与实例

我们提供了 15 个教学实践分析案例供教师参考。

通过这样的方法，教师可以手持一把钥匙（《标准》）来打开 STEM 世界的大门，通过两条路径（科学思维与工程思维）探索精彩纷呈的 STEM 世界，逐渐胜任并精通 STEM 教学。

目　　录

上编　为未来而教：早期STEM教育框架

第一章　面向未来和真实世界：STEM教育的背景和现状 / 3

　　第一节　STEM的提出 / 4

　　第二节　STEM的内涵和发展 / 5

　　第三节　STEM教育的目标 / 10

第二章　儿童是人类的研究和开发部门：早期STEM教育标准 / 15

　　第一节　幼儿如何探究STEM / 16

　　第二节　早期STEM教育标准：科学与工程实践 / 23

　　　　实践1：观察 / 24

　　　　实践2：提问和界定问题 / 28

　　　　实践3：表征和创建模型 / 36

　　　　实践4：计划并开展探究 / 41

　　　　实践5：分析和解释数据 / 45

　　　　实践6：运用数学工具 / 50

　　　　实践7：构建解释和设计解决方案 / 55

　　　　实践8：基于证据进行讨论 / 59

　　　　实践9：获取和交流信息 / 62

　　第三节　早期STEM教育标准：跨学科概念 / 66

　　　　概念1：模式 / 67

　　　　概念2：原因与结果 / 69

　　　　概念3：尺寸、比例和数量 / 71

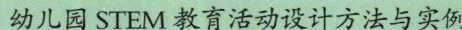

概念4：系统与模型 / 73

概念5：物质和能量 / 75

概念6：结构与功能 / 77

概念7：稳定与变化 / 79

第三章　教中学，学中教：STEM教师素养 / 81

第一节　影响早期STEM教育的教学和评估方法 / 82

第二节　创建适宜发展STEM素养的环境 / 89

第三节　平行学习：STEM教师的学科知识积累 / 92

下编　学会解决问题：早期STEM教学法

第四章　在解决问题的过程中学会解决问题：STEM教学活动组织 / 99

第一节　学会解决问题 / 100

第二节　科学思维 / 104

第三节　工程思维 / 109

第四节　幼儿STEM活动的组织 / 114

STEM活动：摇摇铃（3—5岁）/ 116

第五章　好奇心引领儿童：科学问题探究 / 125

STEM活动：鸡蛋星球（5—6岁）/ 126

STEM活动：蚕宝宝的一生（4—6岁）/ 133

STEM活动：水果沉浮实验（3—5岁）/ 138

STEM活动：会变化的月亮（4—6岁）/ 145

STEM活动：我们的树朋友（5—6岁）/ 152

第六章　梦想和游戏大师：工程问题探究 / 159

　　STEM活动：听诊器（4—6岁）/ 160

　　STEM活动：看得见的时间——沙漏（5—6岁）/ 166

　　STEM活动：泡泡水（4—5岁）/ 172

　　STEM活动：未来的房子（5—6岁）/ 181

　　STEM活动：纸杯机器人（5—6岁）/ 189

第七章　在生活中成长：真实生活问题探究 / 197

　　STEM活动：消灭泡泡大行动（5—6岁）/ 198

　　STEM活动：种植红薯（3—4岁）/ 205

　　STEM活动：搭建国际象棋桌（5—6岁）/ 211

　　STEM活动：嘎吱嘎吱的木桥（5—6岁）/ 219

附录1　3—6岁儿童STEM学习标准（测试版）/ 229

附录2　科学思维流程 / 235

附录3　工程思维流程 / 237

参考文献 / 239

上编

为未来而教:早期 STEM 教育框架

第一章

面向未来和真实世界

STEM 教育的背景和现状

教育,尤其是科学、技术、工程和数学(STEM)教育,在实现可持续发展方面发挥着至关重要的作用。

——《探索 21 世纪的 STEM 素养》
联合国教科文组织国际教育局,2019

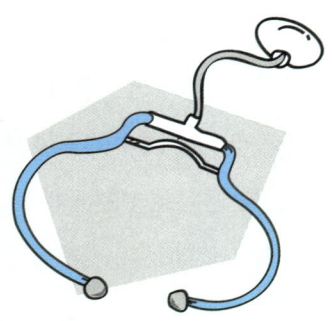

第一节　STEM 的提出

STEM，是一个逐渐为更多人所熟知的英文缩写，四个字母分别指代科学（science）、技术（technology）、工程（engineering）和数学（mathematics）这四门学科。教育界达成的一种共识是，STEM 教育指把这四门学科整合在一起的跨学科综合教育。

STEM 这个缩写从何而来？20 世纪 90 年代后，四门学科的重要性愈加凸显，在美国多个教育委员会出台的标准或指南中，这四门学科开始以首字母缩写的形式被并列讨论。标准或指南强调应该更好地让基础教育阶段的学生学习 STEM 内容。但鉴于人们对学科重要性的普遍认识和熟悉程度，当时这四门学科一般被按照科学、数学、工程、技术的顺序缩写为 SMET。在 2001 年，美国国家科学基金会的一位部门主任朱迪思·拉马利（Judith Ramaley），考虑到许多人不喜欢 SMET 的发音（发音接近 smut，意为污秽、弄脏），建议将缩写调整为 STEM。对此，她特地解释说："在 STEM 中，科学和数学是技术和工程的手段。科学和数学对宇宙的基本理解至关重要，而工程和技术是人们与宇宙互动的手段。STEM 将这些人类行为和理解的元素融入教育的各个方面。"

"STEM"这个词本身有茎干的意思，也隐喻着 STEM 包含的四门学科在人类认知和世界发展中的重要地位。这个新的缩写很快被美国国家科学基金会使用并推广，也被越来越多的人接受。2009 年，当时的美国总统奥巴马宣布发起全国性的"教育创新"运动，将改善 STEM 教育作为国家优先事项，推出一系列重大项目，其中包括投入 43.5 亿美元的"力争上游"学校资助计划，激励各个年龄段的学生在科学、技术、工程和数学方面争取卓越的成就。

第一章　面向未来和真实世界

美国这一重大举措在全世界引起了关注。许多国家都意识到，科学发现和技术创新对迎接21世纪的挑战至关重要，越来越多的工作需要STEM技能，各国纷纷提出了自己的相关教育计划和纲领，在中国教育界，教育实践也逐渐从分科的科学教育走向综合的STEM教育。

第二节　STEM的内涵和发展

STEM涉及四门学科，其中：

科学是对自然世界的研究，包括与物理、化学、生物有关的自然规律，以及与这些学科相关的事实、原则、概念的处理或应用；

技术从严格的意义上来说，并不是一门学科，它是一个包括创造和操作技术产品的人、知识、流程、设备在内的整个系统；

工程是关于产品设计和创造的知识体系以及解决问题的过程；

数学是对数量、空间之间的模式和关系的研究。[①]

在实践的过程中，四门学科是不可分割的，科学为工程和技术提供重要的知识工具，技术是科学和工程的产物，而科学和工程的实施必须依赖技术的助力，数学被广泛运用于科学、工程和技术领域。从上述学科的界定和学科关系来看，STEM虽然建立在四个独立的学科之上，但在实践中又是整合的。后者正是今天各国重视STEM教育、重新规划STEM教育的原因。新时代的科学发展，越来越依赖学科的交叉和知识的融合，而新时代出现的各种问题，也同样有赖于此。打破学科界限，在实践的情境里学习、理解和运用学科内容，成为STEM教育的题中应有之义。

---

① National Research Council. A Framework for K-12 Science Education: Practices, Crosscutting Concepts, and Core Ideas [M]. Washington: National Academies Press, 2012.

幼儿园STEM教育活动设计方法与实例

在STEM日益受到瞩目的同时，和STEM教育共享时代背景的教育趋势是：学科教育不再是学校教育的唯一主流，为了应对当下和未来的挑战，学生需要在解决真实问题的过程中学习，这催生了当下另一个重要的教育趋势——项目式学习，学生在完成一个项目的过程中学习各种知识和技能，并通过这个项目真正地解决某个问题。

因此，可以用这样一句话概括STEM教育：STEM教育是基于问题的，融合了科学、技术、工程和数学的跨学科综合教育。首先我们要看到，这和传统的教育大相径庭。在以往的基础教育阶段，我们更常见的是科学和数学分别作为两个学科单独教学，工程和技术即使不能说完全被忽略，也只是偶尔被作为点缀存在。更重要的是，这句话表明，STEM教育包含以下几个主要特征：

- STEM教育要从问题出发，这个问题是真正能引起学生的兴趣且学生有意愿去探究的，最好是学生真实遇到的、切实需要解决的问题；
- STEM教育要让学生掌握科学、技术、工程和数学的相关知识与技能；
- STEM教育不是分科教育，而是跨学科教育，学生在解决问题的过程中综合地学习与运用上述学科知识与技能。

这些主要特征，构成了STEM教育工作者的基本共识。比如：2020年年底，由欧盟8个国家的教育科研机构发布的《面向ATS STEM的概念框架》（注：ATS STEM是指"Assessment of Transversal Skills in STEM"，意为STEM横向技能评估）中提出了STEM教学的六大设计原则，包括问题解决设计和方法、学科和跨学科知识、工程设计和实践、技术的恰当使用和应用、真实世界背景下的使用和适当的教学实践，几乎每一条都体现了前面所述的STEM教育的主要特征。

让我们再来看两个STEM教育案例。

第一章 面向未来和真实世界

案例 1

  南京市一所幼儿园的花园里有一小段石板路，每到下雨天，孩子们在这条路上就有滑倒的危险。某天有一个小朋友摔得特别疼，为此，孩子们对摔倒的问题进行了研究。他们分析了摔倒的各种情况，寻找摔倒的原因，提出了数种解决方案，包括下雨天要绕路走、下雨天每个人都应该小心地走路或者穿防滑靴、改造路段等。在决定采用改造路段的解决方案后，他们又提出了具体的改造计划，包括在路边增加扶手、在路面上增加防滑层或整体置换路面。大家从安全性的角度考虑，一致认为整体置换路面是最佳方案，由此又产生了置换什么材料以及筹措资金的问题。最后，他们考察了不同材料的防滑作用，比较了开支，重新制作了一段鹅卵石加混凝土的路面。

  在这个过程中，这些 6 岁的孩子运用了许多有关科学、技术、工程和数学的知识与技能，最终解决了问题。孩子们并没有意识到"各个学科"的存在，因为只有整合所有这些知识和技能，他们才能够解决这个问题。

> STEM 教育包含以下几个主要特征：
> - STEM 教育要从问题出发，这个问题是真正能引起学生的兴趣且学生有意愿去探究的，最好是学生真实遇到的、切实需要解决的问题；
> - STEM 教育要让学生掌握科学、技术、工程和数学的相关知识与技能；
> - STEM 教育不是分科教育，而是跨学科教育，学生在解决问题的过程中综合地学习与运用上述学科知识与技能。

案例 2

  美国圣地亚哥创新学校 HTH[①]北县幼儿园开展了一个名为"保护池塘"的项目（见图 1-1）。在这个项目中，孩子们探究了如下的问题：植物和动物如何在我们的身边生活？我们如何保护本地的池塘？他们在当地的多个地点研究野生动物，建立了自己的池塘模型，并在高二学生的帮助下分别深入研究某一种池塘动物。最后，他们制作了一系列定格动画和真人视频，向观众介绍池塘里的动物如何利用自

---

① 其英文全称为"High Tech High"，即高科技高中。

图 1-1　了解池塘

己的特殊功能生存；设计了一张以本地的动物为主题的海报，并在当地公园展出；合作出版了一本书，介绍本地的池塘生态，宣传保护池塘的意识和方法。

"保护池塘"也是一个和幼儿园的孩子息息相关的项目——了解自己所生活的环境，有助于他们理解生存和未来。他们学习了科学家和影视工作者的工作方法，制造了产品（其中图书在亚马逊网站销售），并面向公众发出了自己的呼吁。

上述两个案例都具备 STEM 教育的主要特征。从这两个案例中还可以看到，儿童在学习的过程中涉及的领域超越了 STEM 四个学科。特别是在第二个案例中，我们可以看到艺术在这个项目中的重要作用——孩子们制作的动画和视频，设计的海报，他们所著的图书中有大量的科学绘画，等等。

自 20 世纪 90 年代以来，STEM 教育逐渐从大学阶段下沉到基础教育阶段，许多教师很快就发现：一方面，为了解决问题，孩子们必然会运用许多艺术技能；另一方面，如果加入了艺术的元素，STEM 教育就会变得更加生动有趣，更能激发那些原本对 STEM 学科缺乏兴趣的学生的潜能。此外，在 STEM 教育提出之初，就有研究者指出，单方面强调 STEM 这四门学科，可能会使学习者忽略人文素养的培养，可以将艺术纳入 STEM 学习中。这些因素很快促成了 STEAM 这个新缩写的流行。STEAM 中的 A 即艺术（art），它之所以被放在 M 之前，完全是因为这样正好凑成"steam（蒸汽）"一词，朗朗上口且方便记忆。STEAM 的概念迅速受到基础教育阶段的教师，尤其是低年龄学段教师的欢迎，甚至一度有取代 STEM 之势。

不仅如此，当我们从同样的角度审视 STEM 教育时，许多学科都可能增加到这个缩写中来。比如：有人认为写作能力和艺术能力同等重要，缩写应该调整为 STREAM，即增加 R，意指读写（read & write）能力；有人建议，为了应对人工智能快速发展的挑战，应该在 STEM 这个词中间添加 R（robot，机器人），将其调整为 STREM；有人建议不能忽略医学（medicine），缩写应该调整为 STEMM；还有人建议增加逻辑、历史……

这种现象说明 STEM 在人类社会中无处不在的重要性，将任何一个学科纳入 STEM 教育，都可能具有现实的基础。但另一方面，整合的泛滥，既会模糊 STEM 教育的焦点，也会降低被整合的学科的重要性。许多人对此提出了批评，提醒教育者不能忘记 STEM 教育的初衷，不能用教学法模糊教学重点和教学目标。就艺术这门学科而言，需要明确的是，即使是在学龄前阶段，艺术确实在很多情况下是 STEM 教育的重要助力，但它也不会是 STEM 教学的重心，同时，艺术本身是早期教育的重要组成部分，它应该拥有相对独立的教学和评估体系。

> **STEM 学习实验室**
>
> 生活中我们每个人都离不开 STEM，试着回忆并写下你最近做的有关 STEM 的事情，然后把它们分成科学、技术、工程、数学四个类别。比如：科学——寻找家中绿植死亡的原因；技术——用手机剪辑视频；工程——装修卧室；数学——计算每个月的饮食花费。在尽可能多地列出这些事情后，再思考：每个类别中的事情还涉及 STEM 中的其他学科吗？有哪些事情包含了多个学科？

第三节 STEM 教育的目标

为了提醒教育者始终不偏离 STEM 教育的正轨,我们有必要厘清 STEM 教育的目标。

从国家政策的宏观层面来看,STEM 教育的目标首先是为层出不穷的新问题、新需求、新职业提供合乎时代标准的劳动力,使其能在迅猛发展、日益复杂、不可预料的未来世界中有效地应对挑战,从而使国家在激烈的国际竞争中取得胜算。一言以蔽之,STEM 教育需要培养能够解决未来问题的创新型人才。

从学校教育的微观层面来看,教育者需要更加具体、细化的教育目标来作为教学的指针。目前,在全世界 STEM 教育中产生了广泛影响的纲领性文件,首推美国国家研究院在 2012 年发布的《K—12 科学教育框架:实践、跨学科概念和核心概念》(下文简称为《框架》)。《框架》虽然名称中只有"科学"两字,但是事实上描述了一种基于科学与工程实践的 STEM 教育新理念,它为全世界 STEM 教育政策的制定和教学实践提供了借鉴和灵感。

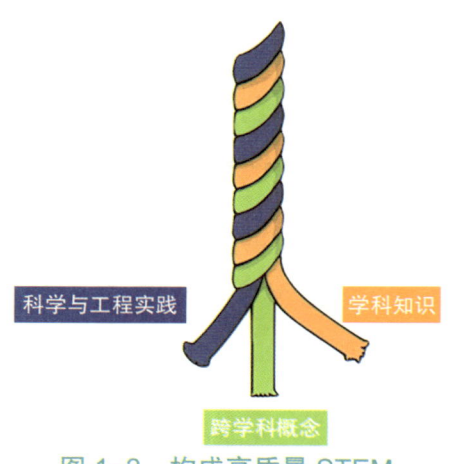

图 1-2 构成高质量 STEM 教育的三个维度

《框架》提出了高质量的 STEM 教育的三个维度(见图 1-2),并提出要把它们整合在学习活动中:科学与工程实践中涉及的方法与技能(科学与工程实践)、将四个学科联系起来的跨学科普遍性概念(跨学科概念)(注:也有人翻译为"横切概念")、理解四个学科的重要基础知识(学科知识)。《框架》指出,只有将这三个维度一起整合在学生的学习过程中,STEM 教育才能获得预期的效果。为了强调三个维度缺一不可,教师们也习惯将秉持这一理念的 STEM 教学称为"三维教学法"。

第一章 面向未来和真实世界

《框架》中描绘的三个维度的基本内容如下。

维度一：科学与工程实践

科学与工程实践包括：①科学家在研究和建立有关世界的模型和理论时所采用的主要实践；②工程师在设计和构建系统时所采用的一套关键工程实践。用"实践"而不是"技能"来强调从事科学研究不仅需要技能，而且需要有关实践的特定知识。

书中强调："……在所有探究性的科学教学方法中，我们期望学生自己参与实践，而不只是间接地了解它们。学生如果不直接体验科学实践，就不能理解科学实践，也不能充分地理解科学知识本身的性质。"

科学与工程实践包括以下内容。

> **科学与工程实践：**
>
> P1　提出问题和界定问题
>
> P2　建立和使用模型
>
> P3　设计和实施调查研究
>
> P4　分析和解释数据
>
> P5　利用数学和计算思维
>
> P6　建构解释和设计解决方案
>
> P7　基于论据的论证
>
> P8　获取、评估和交流信息

维度二：跨学科概念

跨学科概念存在于维度三中所提到的所有学科，因此，跨学科概念将这些学科联系起来。这意味着，跨学科概念是STEM最基础、最普遍的底层概念，对这些概念的理解水平体现了学习者的整体思维水平。

跨学科概念包括以下内容。

11

幼儿园 STEM 教育活动设计方法与实例

跨学科概念：

C1　模式

C2　原因与结果

C3　尺寸、比例和数量

C4　系统和模型

C5　能量与物质

C6　结构和功能

C7　稳定与变化

维度三：学科知识

科学知识的不断扩展使学生在 K—12 期间不可能详尽地学习与某一学科相关的所有概念。信息时代的科学教育不是教"事实"，而是培养学生有足够的核心知识，以便学生可以在未来自己获取更多的信息。教育应使学生能够评估和选择可靠的科学信息来源，并使他们在 K—12 教育之后继续发展，成为科学学习者、科学知识的使用者，他们也可能成为知识的生产者。

各学科的核心概念应该满足以下要求：

● 在各个科学或工程学中具有广泛的重要性，或者是单一学科的关键组织原则；

● 能为理解或研究更复杂的概念和解决问题提供关键的工具；

● 涉及学生的兴趣与生活经验，或与社会、个人需要解决的科学技术问题相关；

● 可以使教师在不同年级开展难度和复杂程度逐步提高的教学。

学科知识可以分为以下几个领域。

> **学科知识领域：**
>
> D1　物质科学
>
> D2　生命科学
>
> D3　地球与空间科学
>
> D4　工程、技术和科学的运用

《框架》首创的三维标准，提出了一种全新的教育愿景："所有学生都能欣赏科学的壮丽和奇迹，有能力对相关的科学问题进行批判性的讨论和思考，并在科学或工程领域寻求职业发展——这些是原有的教育方法无法实现的。"

此外还有一些影响比较大的文件。比如欧盟8国实施的《面向 ATS STEM 的概念框架》中提出八大核心 STEM 能力，他们分别是：问题解决、创新和创造力、沟通、批判性思维、元认知技能、协作、自我调节和学科能力。这些核心能力看起来超越了 STEM 的范畴，可以视为教育的普遍性目标，但结合这份文件中提出的 STEM 教学六大设计原则——问题解决设计和方法、学科和跨学科知识、工程设计和实践、技术的恰当使用和应用、真实世界背景下的使用和适当的教学实践，可以看出其理念与美国版的《框架》是高度一致的。

根据中国教育科学研究院 2017 年发布的《中国 STEM 教育白皮书》和中国 STEM 教育研究中心 2019 年发布的《中国 STEM 教育调研报告》来看，目前中国 STEM 教育的顶层设计正在完善，我们期待在不远的将来会推出专门指导 STEM 教育的纲领性文件。根据全世界的普遍状况，可以设想，上述《框架》中提出的三维标准所概括的内容不会被中国 STEM 教育忽略。

第二章

儿童是人类的研究和开发部门

早期 STEM 教育标准

蹒跚学步的孩子和学龄前儿童在游戏中表现出了科学家和工程师的许多特征。熟练的教师可以促进孩子们对 STEM 实践和概念的理解,帮助孩子们去质疑、探索和反思世界是如何运作的,以及自己对世界的想法。

——《STEM 与生俱来》
[STEM Start Early,芝麻街工作室琼·甘兹·库尼中心
(The Joan Ganz Cooney Center at Sesame Workshop)]

第一节　幼儿如何探究 STEM

　　探索是儿童的天性和本能，是儿童在这个世界生存和发展的必备技能。刚出生的小婴儿好奇地转动眼珠打量四周，他们会不知疲倦地盯着没有见过的事物，努力挪动着肢体四处碰触。他们经常不厌其烦地做实验，不停地摔打东西，搅拌泥和水，把乱七八糟的颜色混在一起到处涂抹，做出种种让大人惊慌的动作来。尽管许多孩子因此屡遭批评和阻止，但似乎只要有机会，他们就会"卷土重来"。等他们具备了提问的能力，他们每天会提出许多可能难倒成人的问题，这些问题有的微不足道，有的却跨越宇宙时空。

　　今天的教育者和养育者已经了解到这些让成人头疼的言行反映的是儿童可贵的品质——"所有的儿童都是天生的科学家、哲学家"。但另一方面，人们仍然对幼儿是否能够学习 STEM 存在普遍的误解。

　　有一种观点认为，只有某种类型的儿童适合学习科学、数学这些内容，而其他儿童并不擅长，甚至不感兴趣。他们把科学视为非常高深的东西，认为儿童需要很高的天赋才能投入其中并有所收获。这是对科学、技术、工程、数学这些所谓"理工科"的刻板印象。美国著名物理学家理查德·菲利普斯·费曼（Richard Phillips Feynman）认为，自己的科学之路起步于幼儿时期父亲的家庭教育，这让他一生对所有的科学领域都非常着迷。在他的自传《你为什么在乎别人怎么想》（*What Do You Care What Other People Think?*）中，他讲述了自婴儿时期开始，父亲怎样在搭积木、理解恐龙的大小、观察玩具的活动中教给他科学的观察和思考方法。STEM 相关的知识存在于日常生活的各种细节之中，孩子们天然地会去探索世界运作的各种奥秘。儿童并非必须依赖令人生畏的实验室和一堆复杂的科学器材才能学习 STEM，相反，在日常生活、游戏和玩耍的过程中处处可以遇到学习的机会。对儿童来说，对科学与工程的兴趣是天生的，而能力与爱好是后天培养的。所以如果有一些儿童表现得对 STEM "不感兴趣"，那可能是环境的因素削弱了他们的内在动机。

也有一种观点认为，儿童需要首先学习"基础知识"，然后才能学习更复杂的 STEM 学科。也就是说，儿童首先要学习阅读、写作和算术，为 STEM 学习做好准备。但是研究表明，儿童并不需要掌握所谓的基础知识才能理解复杂的科学概念。相反，如果儿童拥有很多与 STEM 相关的经验，就可以更好地支持儿童学习阅读、写作和算术，因为 STEM 经验为基础知识的学习提供了有意义的背景。

对 STEM 所包含的四门学科教育的研究表明，儿童在基础教育之前的早期阶段接触这些学习领域对他们未来的发展具有重要的意义。

早期科学领域和早期数学领域的研究发现：如果儿童在早期阶段获得科学活动的经验，就能更好地保持对科学学习的积极态度（Eshach & Fried，2005）；而早期的数学能力比早期阅读能力和注意力能更好地预测未来的学业成绩（Duncan，2008）。工程和技术，这两个长期在基础教育阶段中被忽略的领域，在近年来也受到更多的关注和呼吁，因为幼儿是天生的工程师，他们想要建造东西和设计解决方案，而工程类型的游戏可以对其产生长远有益的影响。例如，可以根据学龄前儿童的构建能力预测其高中数学成绩（Wolfgang, Stannard, & Jones, 2001）。

科学家的研究表明，幼儿的科学与工程实践也许不会产生对成人世界来说"实用"的成果，但他们所用到的探究方式和思维与科学家、工程师高度相近。

美国认知心理学家艾莉森·高普尼克（Alison Gopnik）研究了婴儿和幼儿如何使用类似于科学家的方法进行认知，并通过实验来证明幼儿具备抽象思维、推理以及构建概念性认知等一系列高级思维能力。高普尼克在她的演讲"宝宝是怎么思考的？"（What do babies think? 2011 年 TED 演讲）中曾经通过一个实验来说明幼儿的思维过程。在这个实验中，一名 4 岁的男孩需要解决一个难题，这个难题是研究者设计的一个简单机器，当男孩在一台机器上放了两块积木后，这台机器就亮灯了；男孩据此希望用同样的方法来点亮另一台机器上的灯（见图 2-1）。但是因为实验者的设置，两台机器的机制是不一样的，男孩需要想出新

图 2-1 高普尼克介绍的儿童实验

的解决办法。研究者通过这个实验来观察男孩如何解决问题。在这个过程中,男孩坚持不懈地尝试了多种方法,最后终于把灯点亮了。高普尼克指出,男孩在此过程中使用的观察、分析、提出假设、实验验证、从错误中获取信息等多种方法,恰恰跟科学家或工程师解决问题时的方法高度一致。

STEM 学习实验室

《框架》中概括了 8 项科学与工程实践,分别是:提出问题和界定问题;建立和使用模型;设计和实施调查研究;分析和解释数据;利用数学和计算思维;建构解释和设计解决方案;基于论据的论证;获取、评估和交流信息。

观看高普尼克的演讲《宝宝是怎么思考的?》片段(扫描下面的二维码可观看视频),分析男孩的言行包含了"科学与工程实践"中的哪几项。或者在幼儿园的自由游戏时间,观察孩子们在游戏中解决各种科学或工程问题的过程,分析他们在这个过程中的言行包含了"科学与工程实践"中的哪几项。

以高普尼克为代表的研究者揭示了幼儿从事科学与工程实践的潜力。综合各方面的研究来看,幼儿的早期 STEM 学习具有以下特点。

幼儿在生活中有丰富的非正式 STEM 学习经验。比如:在自然环境中,幼儿有机会观察动物和植物,探索动物的栖息地,感受事物的物理特性和运动方式,研究风、水、日月星球等自然现象。同样,在家庭和游乐场中,在与朋友玩耍的过程中,

第二章 儿童是人类的研究和开发部门

他们也有丰富的机会探索和参与科学与工程实践,他们经常做出预测,检验自己的知识和经验。

幼儿通过体验式学习和动手操作来发展STEM技能。当成人提供合适的环境和充分的材料时,幼儿就会进行科学与工程活动。在这些活动中,幼儿通过操作材料来提问、探索、调查,解释现象并增长知识。

幼儿随着时间的推移逐渐积累STEM技能和知识。为了有效地建立对科学的理解,幼儿需要在数周、数月、数年的时间内持续关注和概念相关的材料与活动。例如,持续数月使用各种材料探索坡道,探究力和运动的概念。长时间的沉浸式活动使幼儿能够重复观察和思考某一概念,并对概念形成具体的经验。

幼儿的STEM学习需要成人的支持。幼儿在日常生活中可以获得丰富的科学经验,但是当成人为幼儿的探索准备环境、关注幼儿的观察行为并与幼儿谈论他们所做的事情时,这些经验将更好地提升幼儿的学习水平。特别是当非正式经验中涉及超过幼儿水平的复杂信息和艰难任务时,成人适当的支持与调整将有利于幼儿发展自信心,提升学习和理解水平。

《框架》详细地阐述了STEM活动所包含的具体实践行为、跨学科概念和学科知识。由于《框架》是针对5—18岁学生的学习标准,所以,它是否适用于更低年龄段的幼儿呢?为此,美国国家科学教师协会(National Science Teachers Association,简称NSTA)特地发布了一份立场声明,认为许多成人(包括教育工作者)低估了儿童在早期学习科学核心概念和实践的能力,没有为他们提供促进科学技能和理解概念的机会与经验。声明特别指出,"要强调幼儿对科学与工程实践的学习,包括:提出问题和界定问题;建立和使用模型;设计和实施调查研究;分析和解释数据;利用数学和计算思维;建构解释和设计解决方案;基于论据的论证;获取、评估和交流信息。"[①]

这份声明说明,学龄前幼儿的STEM学习同样适用于《框架》中所涉及的三维标准,尤其是科学与工程实践这个维度。只要是科学与工程项目,无论哪个年龄段

---

① NSTA Board of Directors. NSTA Position Statement: Early Childhood Science Education[S]. 2014.

的人参与项目，他们都必然会涉及这些实践行为，区别在于能力的精熟度，以及经验多寡所造成的水平差异。

如果从学习者的角度来思考三维标准（见图2-2），我们可以发现，科学与工程实践、跨学科概念和学科知识也都来自人的行为与想法。

图2-2　从孩子（学习者）的角度观察三维框架

学科知识，回答的是学习者的疑问，如"这是什么？""为什么会这样？"等，这些疑问代表了幼儿的兴趣和好奇心。当幼儿提出问题"天为什么会下雨？"时，答案就是关于雨水形成的机制与原理。科学研究告诉我们，当地球上的水蒸发为水蒸气时，这些气体上升到大气层高处，因为温度降低，凝结在空气中的尘埃中形成云，当凝结的水汽越来越多，就重新变为液态降落到地面，这就是雨的由来。如果我们将这个机制进一步细化解释，就需要用到物质的形态（水具有液态、固态和气态三种形态）、温度对物质形态的影响、地球和大气层的构成，甚至地球引力等一系列学科知识。所谓学科知识，就是人类为了满足自己对世界的好奇心而进行研究获得的答案。学科知识看起来枯燥高深，其出发点却是我们与生俱来的求知本能。

科学与工程实践，告诉我们：为了解答自己对世界的疑问，我们会做什么来寻找答案？当"天为什么会下雨？"这个问题被抛出来以后，我们如果要回答这个问题，首先就要弄清楚：到底什么是雨？在确定天上掉下来的雨跟地球上的水就是同一种物质后，我们就能意识到，"天为什么会下雨？"这个问题与"为什么地上和天上都会有水？""水为什么会到天上？"这两个问题密切相关。诸如此类，问题就会变得越来越具体，越来越贴近提问者的现有经验，由此慢慢逼近答案。这个过程，就是《框架》中科学与工程实践的第一条"提出问题和界定问题"。如果我们对雨的形成建立了一个假设，这个假设包含了雨水形成的系统和模型，接下来要做的就是设计一个实验来证明这个假设是否成立。这一系列操作，就是科学与工程实践中的8个实践行为。这8项实践，是人们在解决科学与工程问题的过程中，通过长期实践总结出来的有效方法，是寻找答案的钥匙。

跨学科概念，简单地说，指的是学习者在科学与工程实践中到底学习和理解了什么。在从事科学与工程实践的过程中，有许多深层的概念可以帮助学习者建立起认识世界的基本框架和思维工具，这些概念超越具体的学科知识，把不同的学科、不同的问题联系起来。我们在基础教育阶段习得的大部分数学、物理、化学、生物、地理等各种学科知识在将来有可能逐渐被我们遗忘，但是，对跨学科概念的理解却会深入我们的思维深处，影响着我们未来的学习能力。

根据上述声明、幼儿学习的发展水平以及三维标准，我们建议将《框架》中所概括的8项科学与工程实践和7组跨学科概念作为早期STEM学习的标准，确定早期STEM学习的目标，并用来设计和评估STEM教学活动。而学科知识应该作为早期STEM学习中教学活动发起的起点，它可以帮助我们思考如下问题。

- 幼儿对什么感兴趣？
- 幼儿会提出什么疑问？
- 幼儿会遇到哪些问题？

我们从上面的问题中可以获得STEM教学活动的内容与方向。比如：幼儿对"毛毛虫怎么变成蝴蝶"感兴趣，这其中涉及的学科知识是"完全变态昆虫的生命形态和生命周期"；幼儿提出疑问——"为什么西瓜那么大却不会沉在水底？"，这涉及物质密度和浮力的学科知识；幼儿在玩坡道游戏时遇到了小车无法顺利拐弯的问题，而这个问题涉及角度、惯性、物体运动方面的学科知识。

> 学科知识应该作为早期STEM学习中教学活动发起的起点，它可以帮助我们思考如下问题。
> ◆ 幼儿对什么感兴趣？
> ◆ 幼儿会提出什么疑问？
> ◆ 幼儿会遇到哪些问题？

在传统的科学教育中，教师会直接传授学科知识，有条件时会用一些实验来解释学科知识，帮助学生理解和记忆。而在STEM学习中，我们希望幼儿从自己的好奇心和问题出发，通过一系列的实践操作，最终找到作为答案的学科知识。学科知识是STEM学习的一个结果，但更重要的是，在这个学习过程中，幼儿学会了解决问题、寻找答案。在早期STEM学习阶段，我们不把学科知识作为评估幼儿的标准，一方面是因为STEM学习主要是为了发展幼儿的STEM素养，另一方面是因为幼儿兴趣广泛，这些兴趣中包含了非常复杂的学科知识，他们需要到更高的学习阶段才能真正理解这些学科知识。所以，在早期STEM学习中，我们把学科知识作为教师用来发起和组织教学活动的线索，而不是学习目标。

将科学与工程实践、跨学科概念确立为早期STEM学习活动的标准，可以帮助教师解决目前STEM教学活动中存在的问题。

问题一：STEM教学和传统的科学领域的教学有什么区别？两者在教学内容和教学方法上有较明显的差异。总体来说，STEM教学和科学领域的教学在总目标上是一致的，《3—6岁儿童学习与发展指南》指出："幼儿科学学习的核心是激发探究兴趣，体验探究过程，发展初步的探究能力。成人要善于发现和保护幼儿的好奇心，充分利用自然和实际生活机会，引导幼儿通过观察、比较、操作、实验等方法，学习发现问题、分析问题和解决问题；帮助幼儿不断积累经验，并运用于新的学习活动，形成受益终身的学习态度和能力。"但有了科学与工程实践、跨学科概念，教师就可以具体地评估"初步的探究能力"——幼儿要学习哪些具体的方法，以及如何解决问题。这样幼儿的STEM素养才能被观察和评估。

> 在早期STEM学习中，我们把学科知识作为教师用来发起和组织教学活动的线索，而不是学习目标。

问题二：STEM活动涉及广泛的科学与工程内容，这些活动内容有什么内在的联系？教师用什么线索来理解五花八门的STEM活动的教育意义？如果能够用科学与工程实践、跨学科概念来透过每个活动的表象看到幼儿学习行为的本质，那么STEM对教师来说，就成为一个独立的、具有学科性质的教育领域。

因此，做好早期STEM教育的前提就是有必要厘清几个问题：在早期教育阶段，

第二章 儿童是人类的研究和开发部门

幼儿能开展哪些科学与工程实践？幼儿对跨学科概念的理解发展到了什么水平？教师应该如何理解适宜3—6岁儿童发展水平的科学与工程实践和跨学科概念？这是我们在下一节要探究的内容。

第二节 早期STEM教育标准：科学与工程实践

在第一节的STEM学习实验室中，我们观看了高普尼克教授介绍的一个实验，虽然对科学与工程实践还没有非常详细的了解，但是基本上能够将实验中男孩的表现和相应的实践进行对应。

例如，在偶然点亮第一个装置时，男孩对这个现象构建了一个解释：只要依次放上黄色积木和红色积木，就可以点亮装置。因此，他设计了点亮另一个装置的解决方案，就是用同样的方法来操作。这属于科学与工程实践中的"构建解释和设计解决方案"。

当第一次尝试失败后，他对此进行了总结：这样放积木，其中一个装置会被点亮，而另一个装置却没有，那么，到底应该如何点亮这个装置呢？这属于科学与工程实践中的"提问和界定问题"。

接下来，男孩反复地尝试和观察，这个过程就是"分析和解释数据"；然后，他不断地修正方案，这就是"计划并开展探究"。他也尝试跟对面的实验者交流，试图分析其中的原因，而每次交流他会尽量使用探究过程中的各种现象，这就是"基于证据进行讨论"，当然也少不了"获取和交流信息"。

如果没有科学与工程实践标准，那么我们只能用观察、探究、思考、尝试、讨论等诸如此类的通用词语（这些词语在任何领域的活动中都可以使用）来描绘幼儿在科学与工程活动中的表现，这无助于教师把STEM活动视为一个有独特价值的学习领域，也影响了教师理解STEM活动的深度和精度。

下面，我们来逐一分析科学与工程实践的具体内容，以及幼儿在早期教育阶段的相应表现。这些内容和《框架》基本一致,但我们根据3—6岁儿童的表现对其进行了细微的调整,尤其是为了强调学龄前儿童的特点,我们在科学与工程实践中增加了至关重要的第一条:观察。这样就形成了适合3—6岁儿童的9项科学与工程实践。

这9项实践,概括了幼儿通过STEM活动来发展的重要实践能力,是STEM素养的核心内容。在STEM教学中,教师可以通过活动的组织和设计,有意识地培养幼儿的这些实践能力。下面,我们将通过内容解释、分析幼儿在实践中的表现以及学习实验室的方法,来帮助教师理解9大实践标准。

实践1:观察

幼儿实践故事

桌子上摆着2个鸡蛋,一个是熟的,一个是生的。有什么办法在不打破鸡蛋的情况下,弄清楚哪个是熟的,哪个是生的呢?孩子们想出了很多办法:有人仔细观察蛋壳的颜色,想从颜色的深浅来区分生熟;有人拿起鸡蛋对着光,想看看生的鸡蛋和熟的鸡蛋在光下有没有不同;有人让大家安静下来,他把鸡蛋靠近耳朵轻轻地摇晃,想感觉鸡蛋内部细微的运动;有人尝试把两个鸡蛋竖起来;有人把鸡蛋贴近鼻子去嗅;有人在桌面上滚动鸡蛋……

幼儿通过观察来学习和了解世界。幼儿的社会性发展当然是与观察息息相关的,对重要角色的观察和模仿塑造了幼儿的社会性。同样,对物质世界的观察是幼儿了解世界的重要渠道。在对事物进行观察的过程中,幼儿建构起有关客观世界的认知。那么,幼儿到底是如何观察的呢?

观察,简单来说,是指运用感官来关注事物。我们有很多感官来感受这个复杂的世界(比如对运动和平衡的感知),而其中最主要的5种感官和对应的感觉分别是:眼睛—视觉;耳朵—听觉;鼻子—嗅觉;舌头—味觉;皮肤—触觉(见表2-1)。

第二章 儿童是人类的研究和开发部门

表 2-1 感官与感觉

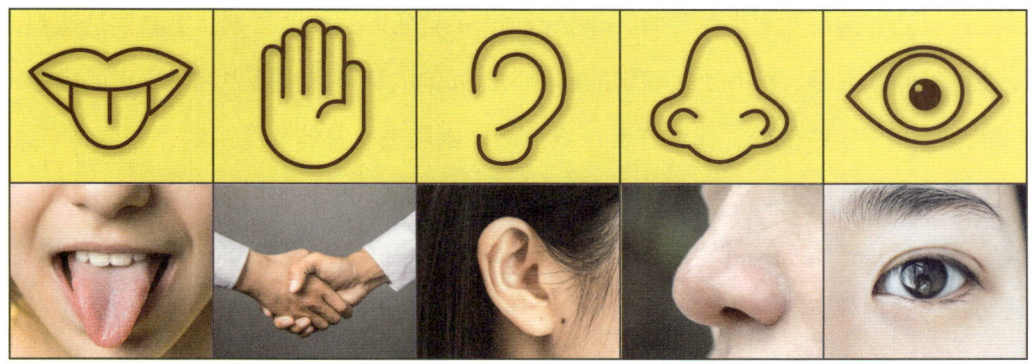

我们喜欢的许多记忆都与我们的一种或多种感官有关：例如，夏夜篝火的气味或你与儿时的朋友一起记住了歌词的那些歌曲。现在，当你的鼻孔和耳膜分别被那些熟悉的气味和声音刺激时，你的大脑就会触发对那些特殊时刻的记忆。从出生到幼儿期，孩子们利用他们的感官去探索和尝试理解周围的世界。儿童在使用感官时学习的效果最好并能保留最多的信息。幼儿教育者经常会为幼儿提供机会，让他们在通过"感官游戏"探索世界时积极地使用他们的感官，这对大脑发育至关重要——它有助于儿童在大脑通路中建立神经连接。

观察是探究的基础，是人的本能，也是需要培养的一种能力。因为只有能提取有效信息的观察，才能将感觉变成认知的材料。在科学与工程实践中，幼儿可以发展这样的实践能力。

科学与工程实践1：观察

1-1 运用各种感官了解事物的属性特征、变化和相互间的联系。

1-2 有目的地审视事物以获得有意义的信息和数据。

成人经常为幼儿的观察能力感到震惊，尤其是幼儿往往能看到被成人忽视的细节。如果成人有和幼儿一起阅读绘本的经验，就会发现幼儿的注意力很容易落在画面上非主体信息的部分。我们即使对影响幼儿视觉能力的普遍要素（比如更明亮的色彩、更突出的形状、更活泼的运动方式）有所了解，也往往对幼儿为什么观察到一些"没有显著价值"的细节感到困惑:"为什么他会关注这个呢?"幼儿的观察能力既受到普遍视觉原则的影响,也受到个人的经验和兴趣的影响。尤其要注意到,幼儿的经验和兴趣,既有比较稳定的部分,比如他的环境和生活中经常出现的内容,也有短暂和偶发的部分,比如在当下或片刻前刚刚进入其体验范围的一些事物。这种情况说明,幼儿"敏锐"的观察能力往往是随机的、无目的的,他们以自我为中心,很少能在特定的探究主题下主动地、理性地运用观察能力。而我们首先要培养的就是幼儿的这种观察能力。

1-1 观察:运用各种感官了解事物的属性特征、变化和相互间的联系

观察某个事物,首先是观察这个事物的静态属性特征,包括事物所固有的颜色、形状、重量、纹理、结构、味道、质地、材料等要素;其次是观察在一定的时间范围内,事物的这些固有特征可能发生的各种变化;最后是观察该事物与其他事物之间的联系,以及彼此间可能产生的影响。

以上所列内容,包含了我们在探究事物时可能需要提取的基本信息,其中有一部分可以帮助我们解决特定的问题。比如:幼儿在观察影子时,可能会观察影子的形状、颜色等属性特征;可能会观察在不同的时间段内,某个物体的影子发生的变化;还可能会观察同一个物体的影子,透过不同的光源、落在不同的表面、放在不同的环境中产生的不同现象。只有观察到影子如此丰富的形态和现象,幼儿才能对"影子"这一事物产生一个基础的理解。

教师可以有意识地使用与以上三个方面有关的问题,来引导幼儿更好地观察事物。除此之外,教师在日常的活动和教学中需要注意以下几点:在回答问题之前要求幼儿先仔细地观察对象;让幼儿有充分的自由操作、摆弄对象的机会;当幼儿发表看法时,要求幼儿出示证据;在需要长时间地观察对象时,为幼儿创造必要的条件,不因为时间、空间的限制而损害幼儿长期跟踪观察的机会;等等。

1-2 观察:有目的地审视事物以获得有意义的信息和数据

如果上面的1-1指的是培养幼儿观察事物的敏锐度,这种敏锐度类似于福尔摩斯那样的本能,即对周遭事物保持一种兴趣盎然的觉察,那么所谓"有目的地审视事物",指的是培养幼儿为了回答疑问、解决问题,能够在经验和逻辑的支持下获

得有意义的或者有用的信息和数据，而不是在纷繁的信息中迷失了方向。

比如：幼儿需要使用一个容器、一个把手以及其他的材料来制作一个声音响亮的摇摇铃。选择自己所需的材料时，他会有意识地观察材料的质地，通过观看、掂量、碰撞、敲击等方法挑选那些可能发出比较清脆、响亮的声音的材料，而不会被材料的色彩、纹理或趣味性迷惑。因为经验和逻辑告诉他，摇摇铃声音的"响亮"程度，首先是材料的质地决定的，这就是他需要首先关注的属性。这种实践能力，我们称之为"有目的地审视事物以获得有意义的信息和数据"。

1-2是高于1-1的实践能力，因为，有目的地审视，其前提是对事物的属性已经有充分的感知经验，知道对特定属性的观察有利于解决特定的问题。有目的地审视，体现了幼儿对原因与结果、结构与功能等概念的理解，因此也显示了幼儿做出科学与工程设想的能力。

* * * * * * * * *

在面对问题时，教师可以和幼儿更好地分析问题产生的原因，引导幼儿在全面了解相关事物的各种属性特征、变化和联系的基础上，抓住与问题相关的特定要素；教师也可以给幼儿提供试错的机会，让他们在错误中学习到应该有目的地观察事物的某些特定属性。比如：在让幼儿设计和制作摇摇铃之前，教师应该让幼儿对摇摇铃有充分的了解，提供现成品让幼儿观察、操作和玩耍，说说摇摇铃的结构与功能。一些小班幼儿在设计和制作自己的摇摇铃时，很容易偏离自己的任务，被材料的外观吸引。教师如果只提供豆子、小积木这些可以制造响亮的声音的材料，就失去了提升幼儿有目的地观察能力的机会；教师如果增加漂亮的海绵片、彩色棉球，就创造了幼儿犯错的可能性，可以考验幼儿的观察力；教师如果增加硬质但体积较大的材料（虽然质地合适，但是它卡在容器中无法发出声音），就可以让幼儿意识到体积也是一个影响因素；当幼儿做好摇摇铃但是没有声音的时候，教师请幼儿思考为什么没有别人的摇摇铃响，差别在哪里……所有这些经验，都会引导幼儿认识到物体的属性特征能发挥特定的功能，在处理特定的问题时，他们应该关注特定的属性特征，否则就没法解决问题。有目的地进行观察，让幼儿摆脱个人本能的兴趣与偏好，着眼于问题本身，从而培养解决问题的心态。

幼儿园 STEM 教育活动设计方法与实例

> **STEM 学习实验室**
>
>
>
> 图 2-3　益智游戏中的一个画面
> （注：画面选自益智游戏 app《发明》）
>
> 请观察上面的画面，说说画面上提出了一个什么问题，你会怎么解决这个问题。之后，思考你在解决问题的过程中重点考察了哪些关键因素，各个物体的属性特征、变化和联系如何促成了问题的解决。

实践 2：提问和界定问题

幼儿实践故事

  李老师的教室里有一面"好奇墙"，上面记录着孩子们的各种科学问题，包括：为什么我们在白天会看到月亮？为什么我的影子比我高？为什么拇指只有 2 节，而其他手指都有 3 节？为什么人没有翅膀？猴子会变成人吗？为什么冬天会下雪？为什么小宝宝没有头发？为什么天是蓝色的？太阳离我们有多远？星星上有人吗？为什么没有蓝色的水果？为什么有黄种人、黑种人和白种人？为什么人需要睡觉？彩虹是哪里来的？为什么企鹅不能飞？为什么用望远镜可以看清楚月亮？……李老师觉得孩子们的问题非常有趣，她觉得提问是一个非常重要的能力。虽然她没有足够的时间和孩子们探讨这些问题,但她认为仍然应该赞赏和鼓励孩子们提问的行为。

提问和发现问题是儿童的本能,因为世界对儿童来说充满着新鲜的经验。这是什么?为什么会这样?这些都是他们自然而然产生的问题。在两三岁时,儿童都会有一个时期,用无数个"为什么"把大人问得无法招架。人类特有的好奇心和解决问题的天性是科学的起源,他们不断地探索周围的世界,他们的问题反映了对知识的渴望。多项研究表明,2—5岁时儿童平均每天会问100~300个问题(数量差异是因为对"问题"的标准各有不同),是人一生中提问最多的阶段。当他们不断地提问时,有时大人恨不得他们立刻停止。从学校的角度来说,教师往往会鼓励幼儿说出"好"的答案,而不是鼓励幼儿提出好的问题。令人可悲的是,随着年龄的增长,孩子们确实开始停止提问了。这跟成人如何对待儿童的问题以及如何培养儿童的提问能力有关。

当然,幼儿的问题并不都是有认知意义的问题,他们也通过提问来表达各种社会和情感的需求,因此他们的问题也可以分成很多种类型,不是所有的问题都与科学或工程有关。在STEM领域里,我们把幼儿有关问题的实践确定为以下几条。

实践2:提问和界定问题

2-1 提出关于自然和人造世界的问题。比如:为什么会下雪?蜂巢是怎么做出来的?为什么那个结构会倒塌?电是从哪里来的?

2-2 区分科学问题和非科学问题。比如:为什么氦气球会升起(科学问题)?这些彩色气球中哪个最漂亮(非科学问题)?

2-3 提出并完善科学问题,并将其用于设计探究方案。

2-4 对结论进行追问。比如:你是怎么知道的?有什么证据支持这个论点?

2-5 针对需求提出相关的问题,以帮助明确解决方案的约束条件和标准。

问题是驱动科学与工程的引擎，提问对培养科学的思维习惯非常重要。但即使是不从事科学与工程工作的人，发现问题、提出清晰的问题也是科学素养的重要组成部分，和个人的学习与工作能力息息相关。

在科学领域，我们经常会遇到这样的问题：发生了什么？存在什么现象和事实？为什么发生了这种情况？如何才能找到真正的原因？在工程领域，人们需要不断地提出这样的问题：我们能做些什么来满足特定人群的需求？我们如何更好地明确和细化这些需求？在制作产品时，有哪些工具和技术是可以用的，或者是可以开发的？当条件不完善时，我应该如何解决问题？在科学与工程领域，人们也总是要思考：我如何和别人沟通想法、证据？如何解释某种现象？如何设计解决方案？

所有这些提问和界定问题的能力，都起源于幼儿早期出于好奇心而提出的一个个问题。幼儿最初的问题来自他们对世界的好奇心，他们能够从自己观察到的各种现象（为什么天会下雨？我吃的糖去了哪里？为什么冰块不见了？）中，也能够从各种文本（比如父母和幼儿一起阅读的图画书）或影像（幼儿观看的电影、动画和各种视频）中发现问题，甚至还能从别人告知的科学知识中提出问题（例如：成人说毛毛虫长大后会变成蝴蝶，幼儿会追问为什么以及毛毛虫是怎么变的）。

2-1 提出关于自然和人造世界的问题

提问是幼儿的天性，这种能力是与生俱来的，本身并不需要特别培养。因此重点在于：如何保持幼儿提问的天赋。从成人的角度来看，幼儿的问题似乎存在着以下让人困惑和烦恼之处：幼儿的问题经常突兀地抛出来，出乎成人的预料，让人猝不及防；幼儿的问题虽然简单，但往往涉及很多根本性的原理，成人需要完备的认识才能真正回答；幼儿的问题涉及范围广泛，成人似乎需要无尽的知识储备才能应付；有时幼儿似乎只是想不停地追问"为什么"，并不会认真地思考成人的回应；成人很容易对幼儿的问题产生误解，有时会发现自己理解的问题并不是幼儿真正想问的问题；幼儿的很多问题在成人看来是不适宜的，涉及儿童不应该触及的主题；幼儿的一些问题对成人来说匪夷所思，听起来更像是幼稚的笑谈，而非需要解答的真实问题；等等。在这种情况下，成人经常很难就幼儿的提问展开有质量的认真的对话，如：给一个敷衍潦草的回答；检索非常专业的答案，直接告知幼儿，给幼造成更大的困惑;忽略幼儿的问题,听而不闻;把幼儿的提问当作可爱的笑料,用听笑话的态度来对待幼儿的疑问;抱怨甚至指责幼儿的问题太多,或者警告幼儿不该思考某一类问题。成人的种种负面的回应,让幼儿逐渐失去了提问的勇气,严重削弱了其提问能力。

那么,如何保持幼儿与生俱来的能力呢?在幼儿园阶段,重要的是营造一种对提问友好的氛围,支持、鼓励和赞美幼儿的提问行为。如前文提到的"好奇墙",就是一种非常好的方法。

所谓的"好奇墙",是指在教室里由教师专门辟出的用来收集和展示幼儿的提问的一个领域,而这个领域一般会被设置在墙面上。好奇墙有很多种不同的做法,但它们都具有以下几个特点:①问题来自幼儿而非教师;②突显提问者的身份,如每个问题都会有署名或者幼儿的个性标志;③用对儿童友好的方式来呈现,比如配有说明性的图片或吸引幼儿的装饰性元素。

教师可以用好奇墙来定期记录、收集并展示幼儿的提问。例如:幼儿实践故事中的李老师制作了这面墙,就是因为她发现幼儿经常会提出有趣的问题,这些问题展现了幼儿可贵的好奇心,值得记录。除了这种无主题的收集,教师也可以根据教室里的学习安排,按照某一主题来收集幼儿的问题,这样做的好处是让幼儿通过提问对主题产生学习的主动性,从而更乐于投入学习活动;教师也可以根据孩子们的问题来组织学习活动,让活动始终围绕幼儿的关切点来展开。

除了好奇墙,好奇泡泡也是一种比较好的方法。这种方法是针对幼儿提出的并且许多幼儿都感兴趣的某个问题,单独制作一个展示板。因为展示的时候往往会涉及几个问题,每个问题可以做成一个单独的板块,像一个泡泡,所以展示板被称为好奇泡泡。在好奇泡泡里,以问题为中心,将幼儿提出的答案列在问题周围。幼儿可以根据泡泡开展讨论、收集资料,最终找出问题的答案。

所有这些方法都是为了向幼儿传达这样的认识:提问非常重要,问题是非常有价值的,善于提问是一种应该受到赞赏的行为。

关于培养幼儿的提问能力,除了上面所说的保护幼儿的普遍性提问的本能外,教师也面临着更高的挑战:如何让幼儿针对特定的现象提出有意义的问题?

在前文中，我们谈到的问题都是幼儿在看到某个现象后自然而然产生的疑问。如果教师在教学过程中试图引发幼儿对某个特定现象的思考，而有些幼儿无法从现象中发现问题该怎么办呢？我们知道，幼儿总是对在自己的经验和兴趣范围内的问题更加敏感，但一旦某个现象在这个范围之外，他们往往就对其丧失了这种敏感性，不会发现其中的问题。

这种发现问题的能力，跟科学与工程实践能力的第一条——观察息息相关。也就是说，教师如果能够引导幼儿更好地观察某个现象，就能提高他们发现问题的概率。所以，当我们希望幼儿能够提出有意义的问题时，我们首先要精心设计能够引发问题的现象。比如：一名教师为了让幼儿探究液体密度和浮力的关系，从死海的图片中获得灵感，为幼儿提供了高密度的盐水和普通水，让幼儿用鸡蛋来测试沉浮。当同样一个鸡蛋在不同的水里面呈现出不同的沉浮状态时，幼儿自发地提出了问题：为什么鸡蛋在这个杯子里会浮着？

为了更好地培养幼儿提问的能力，我们也可以尝试"我看到—我认为—我想知道"的思维流程。这个流程如下。

图 2-4　奇怪的树叶

1. 挑选一张关于典型现象的图片，如图 2-4。
2. 请幼儿说说自己看到了什么。注意，在这个环节，幼儿只能说出自己看到的东西，即画面上实际呈现的东西，而不能说出自己猜测的东西。为避免幼儿在这个环节产生过多联想，教师可以要求幼儿在每次说话时都以"我看到"来开头。比如："我看到一片蚂蚁""我看到好几片树叶""我看到树叶上有斑点""我看到树叶是绿色的""我看到树叶的边缘像山一样""我看到树叶是心形的""我看到树叶上有疤"，等等。教师鼓励幼儿看别人还没有看到的细节并尽可能详尽地描述这张图。例如：教师可以引导幼儿继续观察斑点有什么特点，这样幼儿就可能说出"我看到树叶上的斑点是鼓起来的"。
3. 请幼儿说说自己对这张图片的看法，自己根据观察推论或联想到的东西。比如："我认为这是个春天""我认为树叶被虫子咬了""我认为这是一种奇怪的树的叶子""我认为这些斑点说明树叶坏了""我认为斑点瘪了以后会变成疤",等等。这时,教师也可以请幼儿谈谈自己的想法的理由,主要以观察到的现象作为证据,也可以结合幼儿现有的知识或者经验。

4. 最后,请幼儿说说自己对于这张图片还有什么问题。之前已经有了充分的讨论,为幼儿发现和提出问题进行了足够的铺垫,所以他们提出了很多问题。比如:"斑点是树叶本来的样子,还是树叶生病了?""这是什么树的树叶?""斑点里有什么东西?""树叶上的疤是哪里来的?""树叶上的疤和斑点是魔法师变出来的吗?"

因为我们的目的是鼓励幼儿提出问题,所以教师在整个过程中不应该否认或质疑幼儿的任何说法,而应该鼓励幼儿多说、多想。对于幼儿最后提出的问题,其他幼儿可以各抒己见,教师可以根据情况做出不同的反馈,不必追求所有问题都有正确的答案。

使用图片的好处是方便幼儿长时间地聚焦某个现象。但只要有合适的机会,教师就可以随时随地利用幼儿在生活中遇到的各个现象(如蚂蚁搬家、蝉蜕、教室里投放了有意思的新工具等)来鼓励幼儿观察和提出各种各样的问题,丰富幼儿对科学现象的思考。

2-2 区分科学问题和非科学问题

对低龄幼儿来说,区分科学问题和非科学问题是科学素养萌芽的基础。

科学问题指的是个体可以通过直接观察或科学工具来回答的问题,它只有一个答案,这个答案不会因为任何与问题本身无关的因素而改变。例如,地球绕着太阳转,这个事实不会因为人类认为自己是宇宙的中心而发生任何改变,也不会因为人类受限于在地球上的错误视觉和认知而改变。科学问题可以由个体通过实验或测量来发现证据,从而找到答案。例如:在早期,人类由于观察到"小小"的太阳早晨从东方升起,傍晚从西方落下,因此认为太阳围绕着地球旋转,地球是宇宙的中心;而科学家们根据更细致的观察结果,通过行星运行的轨迹,计算出实际的数据,从而证明所有行星都围绕着太阳旋转才是太阳系运行的真相。另外,人们一般可以针对科学问题而提出一个假设,而且可以通过实验来证明这个假设是否成立。例如,当科学家发现"地心说"不能解释某些现象时,他就可能提出一个假设:之所以产生这种现象,不是因为太阳绕着地球转,而是因为地球绕着太阳转。之后他可以寻找更多的证据来证明自己的假设是否成立。

非科学问题,指的是根据人们的个人看法、偏好或价值观来回答的问题,比如:一个物体是美还是丑,某种行为是正确的还是错误的,某件事是有趣的还是无聊的。

简单来说,回答科学问题,必须提供客观真实的证据,因此答案往往是唯一的;而回答非科学问题,受不同人的主观因素的影响,往往是仁者见仁,智者见智。即使是幼儿,对这种区别也有基本的直觉。从内容上来说,典型的科学问题包括:"为什么会有这种现象?""万物是如何运作的?"当幼儿提出这一类问题时,即使他还不清楚"科学"这个概念,他期望得到的答案也是从科学和证据出发来回答的。成人在早期对幼儿所提出的科学问题的回答,会影响幼儿对科学和非科学的判断,即对事实和观点的判断。例如,当幼儿问"天为什么会下雨?"的时候,如果成人回答"因为雨精灵在天上跳舞",那么他就可能会让幼儿对"科学"的界定产生误解。"雨精灵在天上跳舞"是一个文学性的回答,它没有解答幼儿对下雨这一自然现象产生的疑问,并且把雨这一自然物质转化成了"雨精灵"这样的文学形象,实际上消解了幼儿的科学问题,代之以文学幻想,即一个非科学问题。如果回答者没有把"天为什么会下雨?"当作一个科学问题来回答,那么针对这个问题就可以产生很多答案,比如"星星上的老婆婆在倒水""宇航员在清洗天空",这些答案之间就不存在对错之分。

只有分清楚科学问题和非科学问题,幼儿才可能在解决科学问题方面有严谨的方法和思路,理解证据、实验、假设的重要性。幼儿会在探讨问题的长期实践中逐渐建立其对科学问题和非科学问题的区别的清晰理解,而成人与幼儿探讨问题时的价值取向会极大地影响幼儿的理解。

成人在和幼儿讨论问题时,可以有意识地根据这几个因素来帮助幼儿区分科学问题和非科学问题:①这个答案在现实中存在真实的证据吗?②这个答案是唯一正确的吗?答案对每个人来说是不是可能都不一样?③这个答案可以用什么方法来证明?经过这样的探讨,幼儿会逐渐分清楚事实和观点,从而巩固对科学的理解。

2-3 提出并完善科学问题,并将其用于设计探究方案

科学问题(尤其是幼儿提出的)在提出之初往往是以口语的方式来呈现的,所以一般是比较粗略、模糊的。要解决这些问题,我们需要将问题变得更加清晰。

如"天为什么会下雨?",儿童要探究这个问题,首先要明确的概念是"到底什么是雨",这个对成人来说不言自明的东西,其实是儿童有效连接自己的经验和知识并真正开展探究的基础。也就是说,只有当幼儿确定了雨就是水之后,他才能联系到水的形态、水的运动、水产生变化的条件等经验和知识,把"天下的雨"这样宏观的气候现象,与身边有关水的日常生活现象相对照,从而形成关于这个问题的假设。之后,幼儿可以运用这些知识,设计实验来验证这个假设。如果教师没有对这个问题进行清晰的界定,直接让幼儿理解关于水循环的知识,那么幼儿的逻辑链条其实是缺失的,整个探究过程就失去了坚实的基础。因此,对所有的科学问题,都必须先界定问题中包含的重要概念,而不是直奔问题的答案。

2-4 对结论进行追问

在各种各样的问题中,有一种问题非常特殊,就是对结论或者别人的回答的追问。追问是一种非常高超的能力,体现了幼儿批判性思维的发展。因为幼儿在提出问题后得到了回答,一般很难在当时反思这个答案,并针对答案本身提出进一步的问题,所以他们往往会全盘接受这个答案,即使没有完全理解,他们也很可能放弃推敲、质疑或追问。特别是当答案或结论是具有权威性的成人告知的时候,幼儿往往会不假思索地接受,即使他并未真正地理解这个答案。

在科学领域,科学家面对别人的结论时总是要展开质疑和讨论,这是探讨正确答案的必经途径,也是他们必不可少的工作内容之一。其中最首要的追问,就是要求提出结论的人出示证据和验证的方法与工程:"你是怎么知道的?""有什么证据支持你的论点?"这也是幼儿需要培养的基本能力,即面对任何答案,都要追问证据。

要培养幼儿追问的能力教师要做到两点:第一,教师需要先把追问作为自己的一个习惯,展示"听到答案—追问—聆听解释—表示认同或怀疑"的追问过程,不断地向幼儿示范追问的重要性;第二,在科学探究的过程中,教师要鼓励幼儿对问题做出假设，一旦做出假设，追问就会自然而然地发生。在传统的科学活动中，教师经常会提出一个问题，然后展示找到答案的过程，而不是让幼儿做出各种假设，再围绕假设来进行验证。前者只是讲解知识，后者才是科学探究，在后一种情况中，追问才会频繁地发生。

2-5 针对需求提出相关的问题，以帮助明确解决方案的约束条件和标准

界定和完善工程问题，在工程实践中尤为重要。因为每一个工程，都是为了满足特定人群的特定需求。同样一个工程，比如建一座桥梁，如果建造的目的各有不同，那么最终桥梁的样子会大相径庭。在幼儿工程活动中，幼儿经常需要在一个特殊的情境（有时是真实的幼儿生活情境，有时可能是故事情境）中解决一个工程问题。在不同的情境中，幼儿解决问题的思路是截然不同的，教师应该强调幼儿在具体的情境里理解工程的需求，避免脱离情境来制作"放之四海而皆准"的工程产品。例如，对于设计枕头的活动，有的班级可能是为洋娃娃设计枕头，也可能是为动物公仔设计枕头，有的班级可能是为幼儿自己设计枕头，也可能是为家人设计枕头。这些不同的情境，针对构建解决方案提出了完全不同的要求，可以考验幼儿真正解决问题的能力。

> **STEM 学习实验室**
>
> 1. 在班上做一面好奇墙，收集和展示幼儿的提问。
> 2. 和幼儿一起区分这些问题中的科学问题和非科学问题。

实践3：表征和创建模型

幼儿实践故事

孩子们在制作太阳系的模型。在这之前，他们阅读了科普绘本，在教师和父母的帮助下查看了很多资料，对太阳系行星的大小、距离甚至一些相关的科学概念都有了一定的了解。他们尤其对火星、月球具有浓厚的兴趣，因为那是人类探索最多

的星球。现在，他们做好了准备来制作太阳系的模型，这个模型集中了他们对太阳系的认知，也帮助他们认识到宇宙是多么的宏大，人类是多么的渺小而又有多么巨大的能量。

在制作模型时，在教师的建议下，他们先在图纸上画下太阳系，然后用黏土把星球制作出来。他们再次查阅自己以前的学习资料和记录来确定星球的数量、大小和排列顺序。当他们对某个星球的某个特征特别感兴趣时，他们会更耐心地在模型上添加其他物体，比如在太阳上添加黑子，在月球上弄出陨石坑，或者给土星套上光环，等等。这样，在后面的展览中，孩子们就可以用自己的模型向前来参观的访客介绍太阳系的情况。

科学模型是对现实中的对象、现象和物理过程的简化反映。在许多情况下，我们不可能提供真实的案例来进行分析，这时候就需要一个模型，更方便操作和直观展示。比如：人体模型、蝴蝶的模型、大脑的模型，展示水循环过程、河流形成过程的模型，展示铁氧化生锈的模型，等等。这些模型比现实当然要简单得多，但是突出了需要说明的关键要素。

模型大体上可以分为以下几种：心理模型、实物模型、图示模型和数学模型。心理模型是指人们在大脑里构建的对某个对象、现象和物理过程的理解；实物模型就是以实际材料制造出来的模型；图示模型指的是通过图画等方式在纸面上展示的模型（如图2-5）；数学模型则是指用数学公式、图表等高度抽象的数学符号建立的模型。实物模型和图示模型是幼儿接触比较多的模型，也是在早期科学与工程实践中幼儿重点探究的模型。

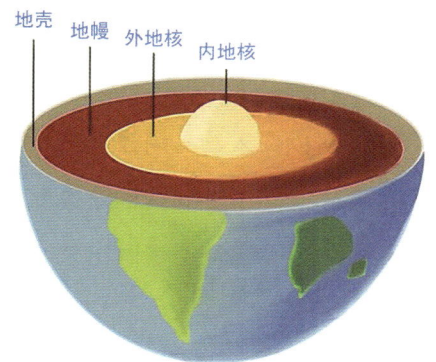

图2-5 图示模型——地球结构

模型除了可以展示一些具体的客观物体的结构（比如大脑实物模型、地球结构模型）之外，也可以展示物体和物体之间互相发生作用的系统（如水循环模型、人体神经系统模型），还可以用来模拟某种系统运作的实际状态（例如：科学家根据自己的理论创造一个小型生态系统,观察随着时间的推移系统的运作情况是否符合理论的预期)。所以模型在科学与工程实践中有非常广泛且重要的作用。对于幼儿来说,可以尝试以下实践。

> **实践 3:表征和创建模型**
>
> 3-1 创建图示、图表或简单的实物模型来表示或解释一些现象或设计。比如:画一幅带有标记性特征的昆虫的图画;创建一个汽车模型并解释其设计。
>
> 3-2 讨论一个模型作为一个现象或设计的表现形式的局限性和精确性,并根据证据或反馈改进模型,以提高模型的解释能力。

表征、创建、分析模型都是受任务驱动的,所以它们一般只表现需要关注的重点要素,排除无关元素或细节。在幼儿教育阶段,幼儿的认知水平有限,所以提供给幼儿的模型或者幼儿自己创造的模型并不总是越详尽、越逼真就越好。过于复杂、过于仿真的模型,可能反而会增加幼儿的认知难度。所以,我们看"实践3"的第一条。

3-1 创建图示、图表或简单的实物模型来表示或解释一些现象或设计

当幼儿对某一现象有了一定的了解,或者对需要创造的工程有了初步的想法后,我们就可以要求幼儿用模型来表达自己对现象的理解,或者用模型来展示自己对工程的基本想法。幼儿在创建模型时,可以采取的形式有图示、图表或实物——简单地说,就是画出来或者做出来(如图2-6)。我们要注意到,在这条实践中,创建

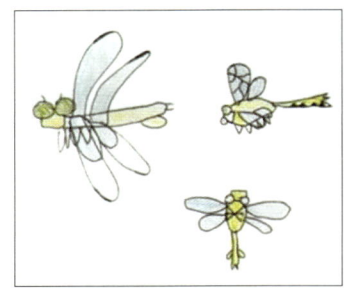  

图 2-6 不同年龄段幼儿描绘的蜻蜓图示模型
(注:图片由南京未来森林儿童实验室提供)

第二章 儿童是人类的研究和开发部门

模型的目的是用来表示或解释一些现象或设计,而不是要创建出"完美"的模型。所以,教师不要求幼儿的模型在技术上达到很高的说明性,比如画得很准确。特别是3—4岁的幼儿,受绘画技能的限制,他们的表征水平会远远低于其认知水平。因此,这些模型往往需要借助于其他方面(如语言、动作等)的解释,从而让幼儿能完整地表达自己的理解或意图。

对教师来说,创建模型不是让幼儿做绘画或做手工,而是为了考察幼儿对问题的理解。在创建模型之前,教师应该引导幼儿充分地探讨模型所代表的对象、系统或运作方式,对其关键要素有充分的讨论。教师还要逐步引导幼儿认识到,模型反映的应该是对象的普遍特征,尽量删减个性特征,这跟绘画恰恰相反。例如,在画昆虫时,幼儿可能会选择某一种昆虫,可能尝试添加美丽又炫酷的色彩,甚至增加个性化的动作,而在创建昆虫的图示模型时,幼儿应该着眼于昆虫的基本特征(身体分为头、胸、腹3部分,有6条腿,有2对翅膀等),可能画出来的昆虫不是某种具体的昆虫,无关美丽,但反映了昆虫的基本特点。

在创作工程模型时,无论是图示方式还是实物方式,我们都不要求这个年龄段的幼儿创作出有真实功能的作品。工程模型着重于解释工程产品的结构和大致的模样,它可能在体量上比实际产品要小(例如:在制作真实的椅子前,工程师会先做一个小椅子模型以预测成品的效果),可能不注重细节(例如:这个小椅子模型可能不是横平竖直),可能没有实际功用(没法真的用来坐人)。工程模型是生产真实产品之前的预演,可以帮助幼儿更直观地思考自己的设计方案,以便调整想法、完善方案。

3-2 讨论一个模型作为一个现象或设计的表现形式的局限性和精确性,并根据证据或反馈改进模型,以提高模型的解释能力

虽然我们强调幼儿创建模型的能力受到小动作技能和认知的限制,不可能产生完美的模型,但幼儿的模型应该体现出必要的基本要素,所以在模型产生之后,幼儿可以讨论模型的局限性和精确性,在哪些方面体现了原型的特点,在哪些方面跟原型不符或者有遗漏。例如:一个椅子的模型的大小和实际大小不一致,并不影响模型的精确性(幼儿如果需要通过模型了解实际产品的大小,可以按比例制作模型),

但如果高背的设计意图在模型中没有体现,如漏掉了椅子的背部或者背部明显没有体现出设计意图,这就可以视为模型的缺陷。

检视模型的局限性和精确性,就是把幼儿的心理模型和眼前的模型做对照,其目的在于在团队学习的氛围中和学习伙伴的帮助下,通过改进模型,提高自己的认知。

对同伴创建的模型提出意见,也是幼儿需要发展的能力。教师可以使用美国教育学家罗恩·伯杰(Ron Berger)开发的反馈协议,引导幼儿借助于同伴的力量改进模型。

罗恩·伯杰针对同伴反馈提出了三个标准:友好的,具体的,有帮助的。所谓"友好的",是指在对别人的作品做出反馈时,应该站在友好的、客观的和充满善意的立场上,知道别人是来寻找帮助的,而不是来接受挑衅或嘲笑的。所谓"具体的",是指你反馈的内容应该跟作品的真实情况有直接的联系,不是泛泛地说"我觉得你做得很好""我喜欢你的作品""你画得太漂亮了",而是联系作品中的证据,例如,"我注意到你画出了自行车的轮胎""两个车轮非常对称",如果是提出意见,也应该是"两个车轮一大一小""真实的车轮不是只有两个圆圈,还有轮胎和钢丝"。所谓"有帮助的",是指当你提出改进意见的时候,最好提出改进的方法,例如,"如果你把前面的轮子画大一点,车子看起来就更加对称了""如果把圆圈加粗,看起来车轮上就装了轮胎",这样可以给同伴非常实际、有用的建议。

当然,每次的反馈意见应该有一定的数量限制。罗恩·伯杰在教学视频《奥斯汀的蝴蝶》(Austin's Butterfly)中对同伴反馈做出了示范。片中的小朋友奥斯汀在同伴的帮助下,6次修改自己的蝴蝶图示,最后将一个潦草的涂鸦改进为精美的作品(如图2-7)。在奥斯汀修改的过程中,同伴们提出了具体的、有帮助的建议,如"下面的翅膀应该画成细细长长的""上面的翅膀可以画成三角形的,并且要特别大""触须要画得更长",等等。每次让幼儿提出三四条符合条件的建议后,画蝴蝶的小朋友就进行改进,避免意见太多而导致无法下笔。这样经过六轮修改,作品就展现出了最后的样子。

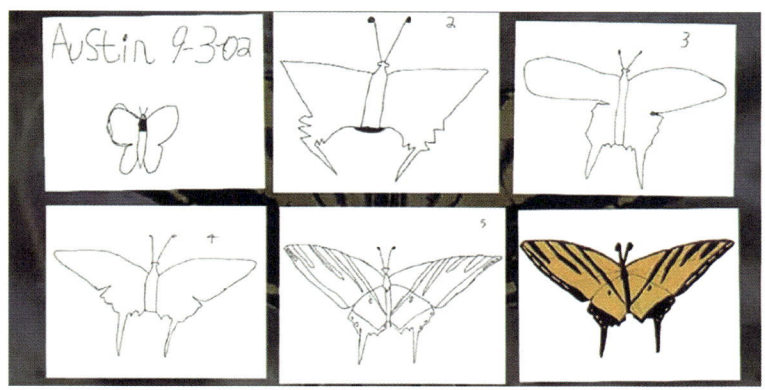

图 2-7 奥斯汀的蝴蝶

STEM 学习实验室

1. 你们的幼儿园里有模型吗？可以是教具，也可以是教师或幼儿的作品，分析这些模型属于哪一类模型。
2. 你认为一个物品的美术作品和它的图示模型有什么区别？
3. 请尝试引导幼儿使用罗恩·伯杰的反馈意见，帮助同伴改进模型。

实践4：计划并开展探究

幼儿实践故事

教师给孩子们讲了《咕咚》的故事，引出了一个话题：所有的水果都会浮在水面上吗？孩子们纷纷发表自己的看法，有的说要看水果的大小，有的说要看水果的形状。教师总结了大家的看法，发现大部分幼儿认为大的水果（如西瓜）会沉在水底，小的水果（如木瓜、苹果等）会浮起来，但有小部分幼儿不同意这种观点。

教师提炼幼儿的观点："请大家想想，怎样才能知道水果的大小和水果在水里的沉浮到底有没有关系？我们可以想什么办法来找到答案？"

有一名幼儿说："找1个大的水果和1个小的水果放在水里。"

教师说："这个方法很好，这个就叫作实验，科学家也会用做实验的方法来寻找问题的答案。那么我们需要哪些材料来做这个实验呢？"

孩子们你一言我一语地说出各种材料，教师询问幼儿其说出的材料可以用来做什么，需要满足什么条件。例如，孩子们说需要水，教师会问：水用来干什么，需要多少水；需要哪些水果、多少水果，哪些算大的水果、哪些算小的水果；水应该放在哪里，盆应该有多大；等等。

在正式开始实验之前，教师又问幼儿："我们准备了这么多水果，每一种水果可能下沉到水底，也可能浮在水面上。怎么才能记住这么多结果呢？"经过讨论，幼儿决定在黑板上记录实验结果，并且按照大小两类来记录，按照沉和浮两类来记录。

在开展实验后，幼儿把每一种水果的沉浮情况记录下来，发现无论是大的水果，还是小的水果，都有沉有浮，水果的大小和它在水里的沉浮状态并没有关系。

在传统的科学活动中，比较常见的教学流程是：教师预设了一个科学知识，准备好了实验器材，教师在活动中将实验过程展示给学生观看，从而印证活动重点讲解的知识的正确性。在这个过程中，幼儿基本上是实验的旁观者，跟随教师的正确思路，认可教师的每一个操作，同意并记住教师讲解的科学知识。这个过程很难被称为科学探究。为了让幼儿以更主动的姿态投入探究中，教师可以为幼儿进行如下的实践创造更多的机会。

实践 4：计划并开展探究

4-1 在成人的引导下考虑问题的相关因素和无关因素。

4-2 在成人的引导下讨论需要什么工具来收集数据、如何收集以及如何记录数据。

计划并开展探究，指的是当个体面临一个科学问题时，从问题本身出发，根据自己的经验和知识，对问题做出假设，然后思考通过哪些具体的方法来验证自己的假设。这是一个完整的科学探究过程。教师可以从以上两点引导幼儿逐渐理解这个过程是如何实现的。当试图对问题做出假设性的解释时，幼儿首先要考虑问题的相关因素和无关因素；在确定假设后，要通过实验来收集数据，验证假设的真伪。

4-1 在成人的引导下考虑问题的相关因素和无关因素

幼儿从自己观察到的现象中发现问题。如果现象来自真实的情境，那么其中所包含的关键问题，往往被许多因素围绕，对观察者来说，哪些因素是相关的，哪些因素是无关的，并不是一眼就可以分辨出来的。对科学家来说，找到某个现象（问题）的影响因素，排除无关因素，是一个重要的工作。例如：当苹果从树上掉下来时，到底是什么因素决定了苹果一定会掉下来，而不是随风飘走？是苹果的重量吗？是风的级别吗？是苹果长在树上的状态吗？是苹果树脚下的土地吗？一般人凭直觉认为，苹果本身的特点可能是关键的因素，因为苹果重，所以它肯定会掉下来。要排除所有貌似相关实则无关的因素，最终找到地心引力这个真正的决定因素，是一个漫长的、跨越历史的，反复观察、假设、实验和论证的过程。

对幼儿来说，即使现象来自教师精心设计的情境，问题和关键因素的联系也不会像成人所设想的一目了然。例如，在上面的沉浮实验中，从观察者的角度来看什么样的水果会沉和什么样的水果会浮涉及很多相关因素。大小、轻重、形状可能是幼儿通过直觉所认为的最相关的因素。我们也经常会看到，当幼儿想让一个漂浮的物体沉到水底的时候，他会用手按压那个物体；当幼儿想让一个物体漂浮时，他可能会特别小心地将物体放到水里。这说明，幼儿可能认为施加于物体的外力也会影响物体的沉浮。教师呈现现象的方式会极大地影响幼儿对相关因素和无关因素的思考。从《咕咚》的故事出发，还是单独拿出一个大西瓜呈现给幼儿，抑或是把一堆各种各样的水果放在水里呈现给幼儿，所引发的讨论会有很大的差异。

所以，无论教师引用真实的环境里的现象，还是精心设计一个现象，都必须认识到，这个现象在幼儿的脑海里引发的思考是多元的、丰富的，并不会只有一种思路。教师必须尽量更全面地预测幼儿可能会联想到哪些因素才能让探究过程更贴近幼儿真实的认知过程。如果教师单纯从学科知识出发，认为自己设计的现象中必然包含着通往正确知识的唯一道路，那么整个活动过程就会变成教师一厢情愿的主导，脱离了幼儿认知的真正轨道。

在引导幼儿思考现象（问题）的相关因素和无关因素时，教师首先应该让幼儿仔细观察现象，说出自己的假设，并要求幼儿从现象中提取自己假设的证据。当幼儿抛出各种各样的可能性假设后，我们就迈出了计划和开展探究的第一步。

4-2 在成人的引导下讨论需要什么工具来收集数据、如何收集以及如何记录数据

在确定了可能的相关因素并提出假设后，就要对这些假设进行测试。例如，幼儿认为水果的大小是水果沉浮的相关因素，提出的假设是：大的水果会沉，小的水果会浮。这个假设正确吗？这时，教师就要引导幼儿讨论，需要什么工具来验证水果的大小影响沉浮，在验证的时候应该如何操作这些工具以获得结果（数据），应该如何记录这些数据，从而方便我们比较并得出结论。

在幼儿园里，实验工具和材料一般是教师预先准备的。但对于日常生活中的问题，幼儿有能力对实验工具做出设想。我们如何来证明水果的大小会影响沉浮呢？如果教师把这个问题抛给幼儿，那么幼儿可以提出很多操作的细节。每一个工具在实验中的作用到底是什么，这些工具与材料如何组合在一起，这些都是非常有价值的讨论，幼儿像一个真正的科学家一样在思考。

设计实验是科学家的重要工作，成功的实验要针对具体的目标，排除各种干扰，在逻辑上具有高度的严密性。水果的大小是否会影响沉浮？如果幼儿用一个大的水果（如西瓜）和一个小的水果（如苹果）来做沉浮实验，结果显示两个水果都会浮，那么这是不是证明了水果的大小不会影响沉浮呢？虽然这个结论符合科学认知，但是其验证过程在逻辑上真的成立吗？这里面存在的逻辑漏洞是，苹果是不是还不够"小"呢？坚持认为大小会影响沉浮的幼儿可能会说，苹果还是很大，应该用葡萄来做实验。也就是说，大和小是一个相对概念，我们首先需要界定到底什么是大、什么是小。可能的解决方案是：在大家都同意的情况下，把某些水果归入大的范畴，把某些水果归入小的范畴；或者选用同一种水果，但是有大有小。这些方法虽然在科学上并不具有完备的逻辑性，但是符合幼儿的认知发展水平，基本上可以满足验证的需求。更重要的是，这个讨论过程向幼儿传达了许多科学思维，如：概念应该有明确的界定，在验证某个因素时要排除其他因素的干扰，一个问题可能有多种解决思路，等等。

收集和记录数据也是实验的重要环节。虽然幼儿的科学实验数据往往比较简单，幼儿略加对比就能得出结论，但是，数据不能只存在于现象和我们的语言中，幼儿应该用科学的方法组织与呈现数据。因为这些内容和分析与对数据的解释密切相关，我们将在"实践5"中一起讨论。

以上所有和实验有关的步骤，都可以在教师的引导下开展讨论，这样幼儿可以接触到科学探究过程中的各个重要环节，更了解科学家是如何开展工作的。

> **STEM 学习实验室**
>
> 请教师思考问题：在没有外力作用的情况下，当一个物体从斜坡上往下方运动时，哪些因素可能会影响它的速度？哪些因素与它的速度无关？针对你觉得幼儿可能考虑到的2~3个因素，思考如何引导幼儿计划和开展探究。

实践5：分析和解释数据

幼儿实践故事

教师和幼儿讨论月亮的样子，幼儿的第一反应是"弯弯的月亮"，也有幼儿提出月亮是圆形的。经过一番讨论，幼儿达成一致意见：我们看到的月亮有时是圆形的，有时是弯弯的，经常不一样，会变来变去。那么月亮是随便变来变去的吗？教师给孩子们发了统计表，请他们在家长的配合下观察月亮的变化。

经过几周的记录，孩子们将记录表带到幼儿园。虽然孩子们记录的月亮的形状不是特别精确，但是在教师的引导下，孩子们比较了月亮一天天的变化情况，在排除特殊天气的情况下，找了找月亮最大的一天和最小的一天。最后孩子们发现了月亮变化的规律：不断地从最细最弯"长到"最圆，又从最圆最胖变成最细最弯，一直到看不见。通过对大家记录的月亮变化情况的分析，孩子们发现，月亮的形状变化是有规律的。

数据是指在科学与工程实践中有目的地收集的信息。在上面的故事中，幼儿记录的月亮每天的形状就是数据。数据可以分为数字数据（定量数据）和描述性数据（定性数据）。所谓数字数据，简单来说，就是用数字来表述的数据，如班上幼儿的身高、每天的气温、一个月的下雨天数。所谓描述性数据，是指由图像、文字等非数字方式来表述的数据，如月相记录、物体沉浮的状态、阴影长度和位置的变化。

分析和解释数据在科学与工程实践中非常重要。科学调查产生的数据必须经过分析才能产生意义。数据本身不能说话，科学家使用一系列工具，包括制表、可视化和统计分析，来识别数据中包含的重要特征和模式。在工程实践中，工程师分析在设计和测试中收集的数据，用来比较不同的解决方案，从而判断在一定的条件下哪个设计方案更好地解决了问题。和科学家一样，工程师需要一系列工具来识别主要模式并解释结果。

合理地组织数据，可以更好地呈现研究结论。例如：图 2-8 是关于教师的数学焦虑和学生的数学成绩的一个研究，观看这个柱状图，你能从中得出什么结论？

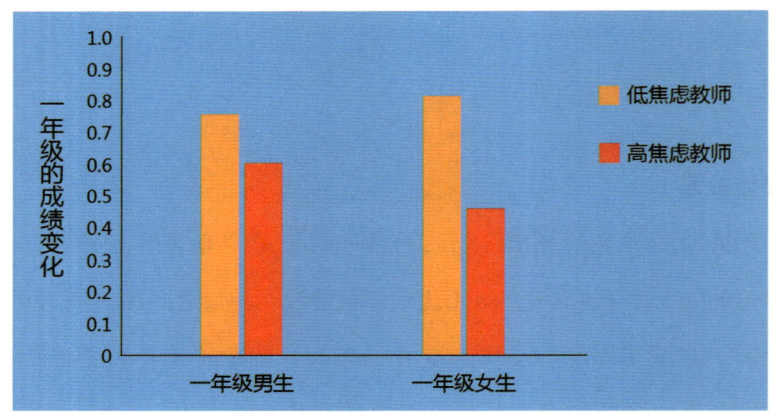

图 2-8　教师的数学焦虑和学生的数学成绩

[注：源自 Proceedings of the National Academy of Sciences of USA，107（2010），1860—1863. 图表经过重新制作]

从图中我们可以得出两个结论：①低数学焦虑的教师教出来的学生在一年中的数学成绩的提升明显高于高数学焦虑的教师，这一条比较明显；②当研究者把学生按照性别分开列出数据时，可以发现，教师有没有数学焦虑，对女生的影响大于男生。也就是说，低焦虑的教师教出来的女生的成绩上升高于男生，而高焦虑的教师教出来的男生的成绩上升高于女生。女生受教师的情绪影响更大。

从这个例子中我们可以看出，如何组织数据，对得出结论有很大的影响，有效地组织数据能够更好地帮助我们分析和解释数据。幼儿可以从事的实践如下。

实践 5：分析和解释数据

5-1　在成人的引导下使用图画、图表和符号组织数据。

5-2　对数据提出有意义的解释，分析数据是否与最初的假设一致。

在科学与工程实践中得出数据时，幼儿可以在成人的引导下，先把数据用合适的方式组织起来，然后对数据进行解释来验证假设，或对设计方案做出判断。

5-1　在成人的引导下使用图画、图表和符号组织数据

数据的组织方式，取决于问题本身。在幼儿园里最常见的是条状图这种视觉呈现方式。如，幼儿经常用条状图统计以下数据：大家最爱的宠物是什么？最受欢迎的水果是什么？上学的方式是什么？但在科学与工程实践中，这样简单的、用于比较数量的方式其实并不常见，因为描述性数据在幼儿的科学与工程实践中很常见（如图2-9、图2-10）。

图2-9是月相记录，图2-10是白天幼儿影子的变化数据。这种直观的数据展示方式，比起数字数据，对幼儿来说更易于理解，更方便他们分析。

那么，对科学与工程实践中的数据，应该如何来组织呢？在"实践4"的幼儿实践故事中，也会涉及幼儿组织数据的一些原则。数据应该体现实验的设计思想与内容，根据假设中的各个要素来组织。水果的大小是否会影响沉浮，可能需要呈现的要素包括大水果的种类、小水果的种类，放入水中后沉与浮的结果。具体呈现方式如下（见表2-2、表2-3）。

当将实验收集的数据填入表格后，通过阅读数据，幼儿能更清楚地看到对比，也可以在教师的引导下从数据中推理出结论：大水果和小水果放在水中都有沉有浮，可见水果的大小与沉浮无关。

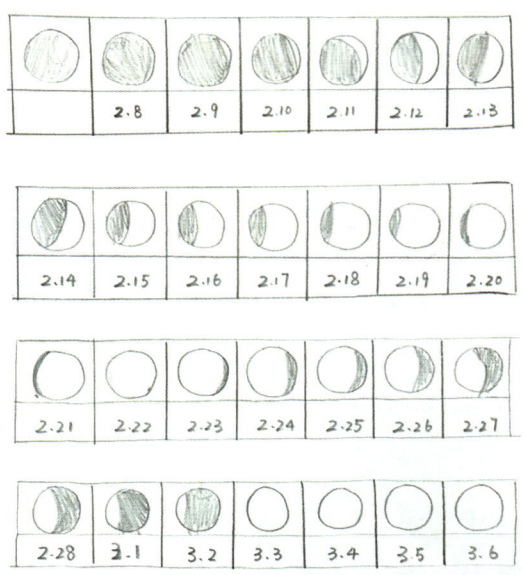

图 2-9 月相记录

图 2-10 白天幼儿影子的变化

表 2-2 不同大小水果实验结果

大水果实验结果			小水果实验结果		
	沉	浮		沉	浮
西瓜			葡萄		
芒果			杏		
梨			山楂		
苹果			橘子		

第二章 儿童是人类的研究和开发部门

表 2-3 不同大小苹果实验结果

	沉	浮

在图 2-9 中，由于月相每一天都在变化，因此线状排列方式更能让人观察到其变化规律。图中将一周的月相排为一行，如果将一个月的月相排成一行，甚至几个月的月相排成一行，我们也许能更好地感受到月相变化的过程。在影子变化记录图中，实验者第一次站的位置是基准点，所有影子的起点都落在一处，便于幼儿直观地观察影子的长短和方向的变化趋势。这就是所谓的根据问题本身来组织数据，让数据能聚焦于问题的关键。我们应该注意到，正因为在实验前已经分析了可能的相关因素，并做出了相应的假设，我们才能根据这些因素和假设来组织数据。当教师引导幼儿尝试组织数据时，应该围绕这些要素来提示幼儿，先说说实验想测试哪些因素，假设会得到哪些结果，应该如何把两者结合起来。

5-2 对数据提出有意义的解释，分析数据是否与最初的假设一致

在数据组织好后，结论是否就会自然显示出来呢？当然并非如此。幼儿园阶段的数据，经常以非常直观的面貌出现，如月相记录在成人看来似乎一目了然，这是因为我们已经了解了月相变化的规律，而对没有真正的观察经验的幼儿来说，虽然他们听说过这个规律，但这些图中的规律未必是明显的。幼儿可能更容易关注独立的细节，而不是数据之间的关系。例如，当你问幼儿在这张记录表上能看到什么时，幼儿可能会说有的月亮几乎看不到，或者指着某个月亮说这个月亮最圆。所以对年龄较小的幼儿来说，成人可能需要更精确的问题来提示他们关注数据之间的关系，例如：月亮是怎么变化的？月亮每天有什么不同？

分析数据的首要动作也是观察。就像"实践1"中所述，在观察时既要看到属性特征，也要看到变化和事物间的联系。引导幼儿分析数据，同样要引导幼儿观察到每个数据的情况，看到数据和数据之间的联系，从而推测出变化与规律。

分析数据的目的是看数据能否验证或推翻我们的假设。这是科学探究的目标，尤其是"推翻假设"。实验的目的并不是要讲解某个正确的知识，这是成人很容易走入的一个误区。教师要注意到，幼儿对科学知识的理解是有限的，应避免将基础教育阶段的学科知识作为幼儿教育的教学目标（即使这些知识在成人看来非常简单）。对幼儿来说，找到合适的方式，破除自己对世界的某些来自直觉的错误认识，也是非常有价值的科学探究实践，因为科学本身就是一个不断消除误解、逐步靠近真理的过程。在上面的水果沉浮实验中，虽然幼儿不可能了解物体的密度和沉浮的关系，但是他们通过实验了解到沉浮与物体的大小、轻重、形状等因素并无直接关系，认识到直觉可能会误导我们，这对培养他们的科学思维、批判性思维有重要作用。

STEM 学习实验室

请教师观察前文中幼儿影子变化的照片并思考以下几个问题。

1. 你自己能从这些数据中得出什么结论？
2. 不同年龄段的幼儿又会得出什么结论？
3. 你觉得什么问题可以引导幼儿更好地分析和解释数据？

实践6：运用数学工具

幼儿实践故事

孩子们喜欢的工作桌坏了，他们希望幼儿园的木工可以帮他们做一张一模一样

第二章 儿童是人类的研究和开发部门

的桌子。木工告诉幼儿,只要为他提供与桌子有关的所有数据,他就可以做出一张一模一样的桌子。刚开始,幼儿用自己的鞋子来测量桌子的数据。后来,有幼儿提出,木工会用尺子来测量材料,不会用鞋子来测量。于是,孩子们在工具箱里找到卷尺,测量桌子的长度、宽度和高度。在教师的提醒下,他们又重新分别测量了桌面的长、宽、高和桌腿的长、宽、高。最后,他们画了桌子的各个平面,把所有测量到的数据画在图纸上。他们还找到合适的颜料,给画面上的桌子涂上颜色,因为他们希望桌子的颜色也是一模一样的。孩子们把所有图纸交给了木工,两个星期后木工送来了定制的桌子。孩子们满意地发现,新桌子确实和原来的桌子一模一样。

早期STEM中的数学包含了一系列基础的数学概念。
- 数概念:基数,序数,参照数
- 数运算:数数,数量比较,简单数运算
- 测量:直接比较,间接比较,标准测量
- 图形:图形特征,图形变化
- 空间关系:位置与方向,空间推理

在科学与工程实践中,数学概念无处不在。对照上面的数学概念,我们很容易就可以看出,科学与工程实践是离不开数学的。科学任务中充斥着大量数学。一旦幼儿学会数数,他们就开始用数字来发现或描述自然界的模式。数学帮助幼儿更准确地表现自然现象。数学也是工程设计的必要组成部分。工程需要使用数学工具来分析和测算设计能否满足需求并且符合预算。

数学是科学与工程实践的工具,在实践中,我们可以重点从以下两个方面来考察幼儿运用数学工具的能力。

实践6:运用数学工具

6-1 用数学方式表达量与空间的关系和变化。

6-2 使用合适的比较与测量工具。

量与空间的关系和变化，是对科学与工程现象的高度概括。也就是说，对于任何科学与工程现象，都可以通过数学方式来描述量与空间的变化。幼儿说：影子变长了或变短了，水洼里的水变多了或变少了，物体从上面滑到了下面……这些都是在用量与空间表述科学与工程现象。但在实践6-1中，我们强调的不仅仅是这种口头语言的描述，还包括培养幼儿用数学方式来表述的能力。

6-1 用数学方式表达量与空间的关系和变化

所谓数学方式，指的是用数字、数学符号、图形、图表等各种数学表征方式。在前面定制桌子的故事中，幼儿知道为了制作满足自己需求的产品，必须用严谨的数学方式来说明桌子的所有数据，所以他们用精确的数字（单位为厘米）来标注尺寸，画出了桌子的各个平面图（见图2-11）。

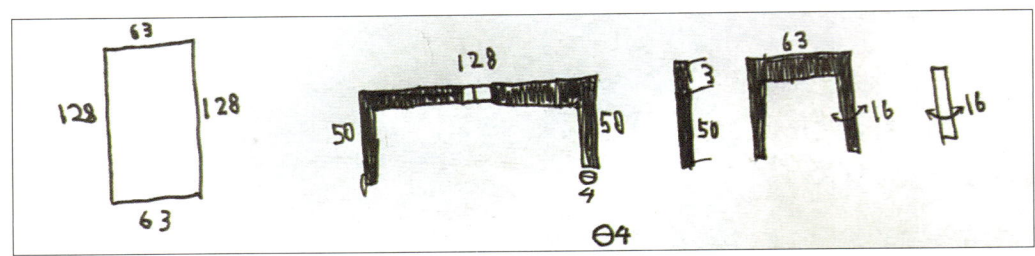

图2-11 幼儿制作的桌子说明图

这种数学表征方式不是一蹴而就的。它从幼儿最基础的表达能力出发，比如幼儿习惯用身边的自然物来表达尺寸，但在现实生活中需要生产出真正的产品时，幼儿就意识到这种方法在准确度上是远远不够的，他们需要寻找更精确的表达方法。这时候，使用更准确的数字、测量工具、测量单位，将桌子的图画画得更像产品，而不是一件绘画作品，就成为幼儿自然而然的追求。在这个过程中，幼儿的数学能力也得到了很大的拓展。

图2-12描述了广东省深圳市龙华区教科院幼教集团附属幼儿园的小朋友在接受了教师交给的布置整个下棋赛场的任务（需要精确地统计所需的材料与空间）后，不再满足于用模糊的、描述性的方式来表达看法，而是开始精确地计算参赛人数、参赛桌的数量与大小，以及需要用到的大型积木材料。

在科学项目中，精确的数学方式能够让我们更好地把握科学现象与规律。例如：

第二章 儿童是人类的研究和开发部门

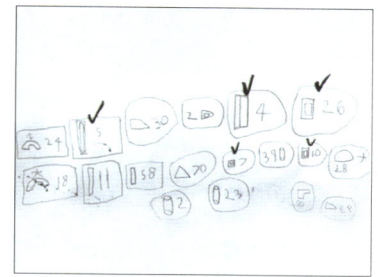
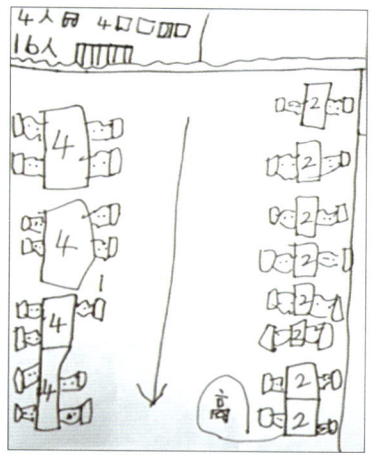

图 2-12 幼儿布置下棋赛场的相关图片
（注：图片来自广东省深圳市龙华区教科院幼教集团附属幼儿园）

观察豆苗的生长条件，简单地观测在有无阳光这两种情况下豆苗孰高孰低，得出的结论是阳光可以帮助豆苗快速生长；如果精确地计算两类豆苗的长度变化，我们可以知道阳光对豆苗生长的促进作用到底有多大。孩子们可能据此计算出，豆苗生长到某个长度需要多少日照天数；或者在同样的时间内，有光照豆苗的生长速度是无光照豆苗的多少倍，等等。所有这些，都帮助幼儿认识到精确性对科学探究的意义。

6-2 使用合适的比较与测量工具

从直接比较，到使用自然物进行间接比较，再到使用标准测量工具进行测量。我们认为，幼儿的测量能力一般遵循着这样一个循序渐进的过程。在真实的实践中，这种抽象的学科认知逻辑并不总是这么绝对。在上面定制桌子的实践故事中，幼儿刚开始把鞋子作为测量工具，是因为他们在平时的比较和测量经验中，多次使用鞋子来测量尺寸较大的物品。在测量桌子时，他们也自然采用了自己熟悉的工具。但是，幼儿认识到，他们不可能把鞋子一起送给木工，而且各种尺寸总是无法和鞋子长度的整数倍相对应，在增加了表达的难度后，他们开始学习使用标准的测量工具并成功地解决了问题。

在科学与工程实践中，幼儿应学会根据实际需求，了解比较和测量工具的局限性与有效性，使用合适的工具达到自己的目标。在真实的情境里，理解测量尺寸、重量、容积、温度、时间、角度等各种测量工具的实际用途。虽然幼儿很难对测量工具达到深层次的理解，不太可能把这些抽象的测量概念弄清楚（比如幼儿很难理解角度这样的抽象概念），但他们可以在现实情境中有针对性地、有效地运用概念（比如通过比较，用自然工具或标准工具制作同一个角度的斜坡）。

STEM实践是幼儿进行早期数学学习的绝佳途径。数学作为非常抽象的学科，对幼儿来说具有很高的学习难度。所以，学科化的数学学习容易让幼儿产生数学焦虑，影响他们对数学的态度和未来的数学学习。而在科学与工程实践中，幼儿使用数学工具有实际的目的和功用，能帮助他们把事情做得更好。在实践活动中，数学问题成为真实的问题，有实物可操作，有即时的实际反馈（比如通过数学工具把产品做得更好，而学科学习中只有"题目有没有做对"这种对幼儿来说缺乏实际激励作用的刚性标准），幼儿的数学能力可以表现得更好（如在第六章的"泡泡水"案例中，广东省深圳市龙岗区教科院幼教集团附属幼儿园的孩子们使用多种方法测试出最适合做泡泡水的配方）。这些为幼儿将来的数学学习建立了良好的开端。

教师要注意到，在设计幼儿STEM活动时，数学是作为工具来使用的，一般来说，数学不会成为STEM活动的主要目标。数学既然是科学与工程任务的工具，只要幼儿能够通过各种方法来解决自己面临的问题，教师就不应该要求幼儿使用统一"标准"的数学方法来解决问题，要接纳幼儿使用数学方法的灵活性和不完善。

第二章 儿童是人类的研究和开发部门

STEM 学习实验室

请教师扫描下面的二维码观看视频,思考:

1. 在这个坡道赛车活动中,幼儿用到了哪些数学知识?

2. 你觉得就这个活动片段来说,教师带领幼儿使用了哪些数学工具?

3. 针对使用数学工具的两条标准,你对这个活动有怎样的评价(好处或不足)?你有其他建议吗?

实践7:构建解释和设计解决方案

幼儿实践故事

天为什么会下雨?这是一名幼儿在好奇墙上列出来的疑问。教师决定和幼儿一起来探讨这个问题。

在之前的活动中,幼儿已经了解到,水是地球上唯一存在气态、液态和固态三种形态的物质,他们对生活中不同形态的水(比如普通的水、水汽、冰)也有了一定的认识,对各种现象有了不同程度的观察。首先,教师跟孩子们确认了雨就是从天上掉下来的水。然后,教师和幼儿一起讨论:我们平时可以在哪里看到水?孩子们说了生活中常见的自来水,也说了江河湖海里的水。之后,教师请幼儿回顾之前关于水的形态转变的知识,引导幼儿讨论地上的水到天上、天上的水到地上的可能性。最后,教师和幼儿一起做了一个实验,看看是否能在实验场景里复制水循环的现象。

此外,教师还和孩子们一起阅读了科普图书,了解水循环。在一系列的探究之后,当教师再次请幼儿解释天为什么会下雨时,孩子们就可以大致构建起对水循环的科学解释。

构建解释,就是对某一种现象做出解释;设计解决方案,指的是针对需求和问题,提出可行的问题解决方案。一般我们认为构建解释和设计解决方案分属于科学和工程两类实践。因此,我们也会结合科学与工程来分别阐述这两条标准的不同。

实践 7:构建解释和设计解决方案

7-1 利用科学知识或证据对自己所观察到的情况做出解释。

7-2 利用提供的工具和材料,提出解决问题的具体方案。

7-3 根据设计的目的(如功能、效果等)来解释设计方案。

说明一种现象因何而起,有哪些因素在起作用,其原理和机制到底是什么,通过科学探究来回答这些问题,从而构建一个逻辑自洽的说明体系,这属于构建科学解释,它是目前获得的证据所支持的合理解释,未来有可能随着新证据的出现而被修正甚至被完全推翻。它跟解释设计方案是不一样的,在设计方案时必须使用科学原理,但在解释设计方案时更重视说明方案将达到什么样的效果。原理是设计方案的底层逻辑,是设计方案成立的必要条件,我们默认它是合理的,不必再加以"构建",否则方案就不可能成立,无法解决问题。所以构建解释和设计解决方案,存在着明显的区别。我们先看实践 7-1。

7-1 利用科学知识或证据对自己所观察到的情况做出解释

让我们回到故事中孩子们试图解决的问题上。你能否放下手中的书,试着对"天为什么会下雨?"构建一个科学解释。请把你的解释写在纸上,和同伴一起推敲其合理性,再拿起书继续阅读。

当你要对"天为什么会下雨?"构建一个经得起推敲的解释时,这个过程可能会涉及以下一些知识和证据:①水有固体、液体、气体三种形态;②水加热会变成水蒸气,水蒸气遇冷会变成液态水;③高空中的温度比地表温度低得多。最后构建的解释可能是这样的:太阳照耀地球上的水,水变成水蒸气蒸发到天空中,因为高高的天空里很冷,这些水蒸气又凝固成液体,变成雨降落到地面上。

每一项解释都是前人通过实验和观察证明过的。在构建解释时,必须满足两个必要条件：第一，构成解释的每一个要素都是经过论证的科学知识，或者是可以观察到的实际证据；第二，所有要素的组织方式都是合乎逻辑推理的。

构建解释会在科学探究的两个环节出现。一个是在经过初步调查后对问题做出假设时，探究者基于已有的证据和推测构建一个初步解释；一个是在实验并获得了更多的证据之后，探究者对现象构建一个相对更加完备的解释。

幼儿有能力构建解释，他们的解释可能从科学的角度很难完全成立，或者充满了谬误，但也会具备两个必要条件，虽然他们引用的知识可能是错误的，证据可能是不扎实的，逻辑上存在漏洞，但这是幼儿尝试回答问题、解释世界的重要一步（如图 2-13）。在教学中，教师可以帮助幼儿拆解解释中的每个要素，让他们了解到科学解释必须依赖公认的科学知识或者实际证据，而不是依赖个人经验，他们需要思考要素之间的关系，逐渐理解基本的逻辑原则。

图 2-13　6 岁儿童图解水循环

7-2　利用提供的工具和材料，提出解决问题的具体方案

所有工程实践的目标就是提供解决问题的实际方案，所有方案都是为了能够满足某种需求。幼儿非常喜欢投入工程问题中，他们往往不悼于解决任何问题，但他们也经常意识不到任何解决方案都会受到很多客观条件的限制，尤其受限于所拥有的工具和材料，所以他们会提出不少天马行空但无法实施的方案。幼儿必须对有助于解决问题的工具和材料有不少认知和使用经验，才可能针对问题提出现实可行的方案。

请你现在环顾四周，寻找你身边的工具和材料，画出设计图，然后为自己制作一个抓痒棒（如图 2-14）。这是一个非常有趣的过程，尤其是当你把自己的抓痒棒和市场上的抓痒棒或者同伴制作的抓痒棒相比时，你可能会发现两种情况：第一种，因为找不到你设想的材料和工具，你觉得根本不可能完成这个任务；第二种，你使用手头能找到的材料，制作出了自己完全没设想过的产品，和你同伴的产品趣味各异。这两种情况都有可能在幼儿身上发生，后一种情况可能更普遍。在课堂活动中，教师提供了哪些材料和工具对幼儿的表现影响巨大。教师通过巧妙地安排材料，可以让幼儿探索不同的材料在实际问题中的运用，了解其优势和劣势，在条件受限的情况下找到最优解决方案。

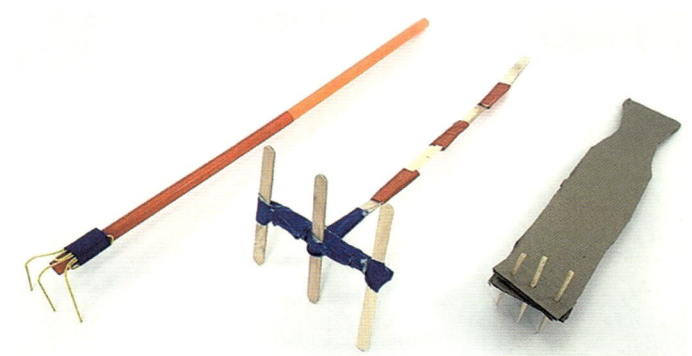

图 2-14 用生活材料制作的抓痒棒

7-3 根据设计的目的（如功能、效果等）来解释设计方案

除了对工具和材料的理解与运用外，幼儿还需要对产品的结构与功能有深入的了解，才能选择合适的材料与工具来提出解决方案。幼儿可以借鉴现成的产品，了解其结构与功能，但更重要的是，他们也可以从产品的用途，即产品如何满足人们的需求来理解其结构与功能。这两者有一定的区别：从前者出发，幼儿可能更倾向于模仿成品；而有了后者的认知与经验，幼儿就可能更好地开拓解决问题的思路。

解决方案有几种呈现方式：第一种是讲述，第二种是绘图，第三种是制作模型。幼儿可以结合前两者，在必要时也可以使用第三种，在教学中第三种往往被纳入制作（实现方案）阶段。尽管幼儿的绘画水平有限，但是设计图对他们是一个很好的推进、记录思考过程的工具。因为幼儿必须对各要素（解决问题的工程产品应该发挥什么样的功能，什么样的结构能支持这样的功能发挥作用）思考充分，才能画出

第二章 儿童是人类的研究和开发部门

具体的解决方案。所以在提出解决方案时，我们要鼓励幼儿画出设计图，到了大班，或者在幼儿的制图水平得到提高后，我们也可以要求幼儿在设计图中加入具体使用的材料元素（如图2-15）。因为材料不同，所以设计图也会存在比较大的差别。例如：在制作抓痒棒的案例中，用吸管做把手和用纸板做把手的详细的设计图上会体现出不同的形状特点。对低龄或绘图经验较少的幼儿来说，他们可能不会区分这种差别，而只能画出抓痒棒的大致抽象的形状。

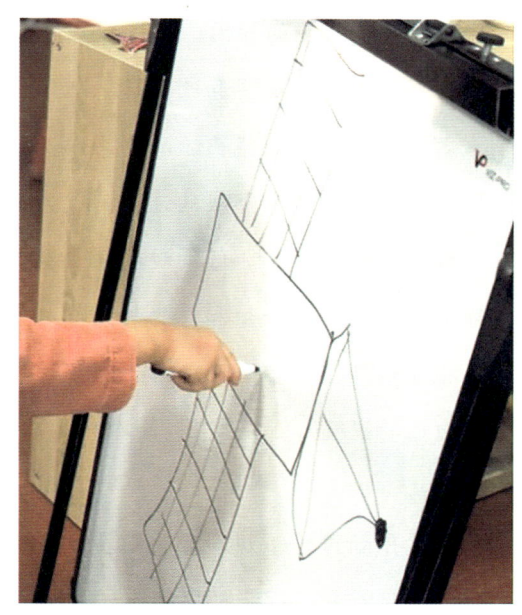

图 2-15 大班幼儿画出自己设计的卫星

在这样深思熟虑的基础上，幼儿才能根据设计的目的（如功能、效果），依靠之前的思考和设计图的辅助来解释应该如何解决问题，方案是如何发挥实际作用的。

实践8：基于证据进行讨论

幼儿实践故事

幼儿在教师的指导下制作简单的电路。这个电路由导电铜胶带、LED二极管小灯和纽扣电池组成，他们要把这些材料粘贴在一张纸上，让小灯可以亮起来。因为教师制作了样品，孩子们也进行了观察，明白了各个组成部分的作用，所以他们信心满满，认为一定可以让自己的灯亮起来。但是结果出人意料，很多人的灯并没有亮。

没有亮灯的孩子们撕开电路，小心地重新粘贴，因为经过初步思考，他们认为可能在粘贴的时候没有在灯、电池和导电胶带之间建立牢固的连接。在重新粘贴后，一部分孩子成功了，另一部分孩子还是失败了。有一个之前成功的孩子，因为想调整电路的形状，让电路看上去更美观，所以重新粘贴了电路，却发现灯忽然不亮了。

这时，教师让成功的孩子和失败的孩子配对形成小组，对比成功的电路和失败的电路，找出故障的原因，并提醒他们要观察三种材料的每一部分。

在经过仔细的观察和测试后，孩子们的电路纷纷亮了起来。这时，教师请孩子们来解释他们是如何找出故障的，以及故障的原因到底是什么。孩子们说出故障的原因主要在于正极和负极的连接，因为他们发现，在调整了电池或者二极管的方向后，故障就被排除了。仔细观察电池和二极管的细节，对照二极管两根针的长短，发现二极管的长针必须和电池的正极相连接，短针必须和负极相连接。为了说明清楚，孩子们还演示了自己电路上错误的情况和正确的情况，帮助同学和教师更好地理解自己的说明。

无论是新理论，对现象的解释，对技术问题的新解决方案，还是对旧数据的新解释，科学家和工程师都是用推理和论证来证明他们的观点。

科学充满了争论。科学家基于证据和推理对世界做出解释，而其他科学家则给予证据和推理来寻找这种解释的弱点和局限性。这是产生共识的核心工程。学习科学地辩论，为学生建立自己的知识和理解提供了机会。在工程中，为了找到最佳的解决方案，推理和论证是必不可少的。工程师通过测试来获得数据，从而形成证据以捍卫或者改进方案。工程的标准和科学有所不同，工程师可能会用成本、风险或市场偏好等数据来证明方案的优劣。在早期阶段，幼儿可以尝试以下科学与工程实践。

> **实践 8：基于证据进行讨论**
>
> 8-1 对自己或他人的发现提出与科学和工程相关的问题。
> 8-2 使用数据或证据进行科学讨论，以完善主张。

基于证据进行讨论，首先是必须有人发起讨论。在科学与工程实践中，主动发现问题，进行讨论和商榷，是科学家与工程师的基础工作。

8-1 对自己或他人的发现提出与科学和工程相关的问题

对自己或他人的发现提出问题，和对自然与人造世界中的某种现象发出提问有微妙的差别。后者更多的是自然产生的疑问，来自幼儿的生活经验和好奇心。而针

第二章 儿童是人类的研究和开发部门

对某人的发现提出问题,需要质疑与反思别人的观点,对提问者的要求更高。提问者需要聆听对方的解释,了解对方的证据和逻辑,有针对性地提出问题;有时,提问者需要思考对方可能没有涉及的内容,站在一个更全面或更细致的角度发出疑问,这些都对提问者提出了更高的挑战。

在实践中,教师有很多机会让幼儿进行这方面的实践。很多时候,比如在大家对如何解释某一个现象存在分歧时,在幼儿针对不同的问题提出各自的解决方案时,都是非常好的时机。这种提问可以帮助他人更好地完善解释,也可以培养自己的批判性思维,这是科学合作的必要性和重要性的体现。

教师可以使用一些简单的问题来引导幼儿。比如:你同意他的观点吗?你听懂了他的解释吗?你能重复他说的话吗?为什么你说的这个跟他说的不一样,是因为你的想法跟他不一样吗?你同意谁的想法,为什么?等等。当提出自己的问题后,幼儿就为后面的讨论奠定了良好的基础。

8-2 使用数据或证据进行科学讨论,以完善主张

观看蜡烛和杯子的视频(扫描右边的二维码可观看视频),请说说为什么会发生这种现象,列出你所有的证据。

如果你试着把自己的证据分类,可以发现所有证据大体上可以分成两类:一类是事实(我们也称之为数据),例如,我看到蜡烛在燃烧,然后熄灭了;一类是知识,例如,蜡烛燃烧需要消耗氧气,既然蜡烛熄灭了,就说明氧气没有了。当然,解释清楚视频中的现象,还需要一系列的其他事实和知识,以构建起严密的逻辑解释。

有效的讨论必须建立在数据或证据的基础上,而非个人喜好或无端揣测。幼儿在进行科学讨论时,存在以下可能的问题:乐于提供一种观点或主张,但常常不能提供对应的证据;不能完全区分事实和观点;容易受到主观偏好的影响,会受到错误知识和直觉的干扰;由于知识和逻辑欠缺,很难在证据和观点之间建立严密的联系。为克服这些发展中的问题,幼儿教师需要始终将讨论和证据、现象以及实践联系起来,避免空泛的纯粹讨论。在上面的故事中,面对电路这样一个相对比较抽象的问题,孩子们的讨论始终和行动交织在一起,当他们提出问题和观点时,他们可

以及时地操作验证，获取直接的证据来充实彼此之间的讨论。教师让成功组和问题组之间形成对照，帮助幼儿在直观的情况下交流观点，以便更快地找出误区。可以说，实践本身就是促进讨论的最好途径。

教师还可以使用一些关键提问来帮助幼儿学会科学讨论。关键提问如下。

- 你认为视频中正在发生什么？你为什么这么想？
- 你有什么证据吗？
- 你观察到你刚才所说的现象了吗？
- 你的观点改变了吗？为什么？
- 当你测试你的方案时发生了什么？
- 你要改变你的设计吗？为什么？

这些问题，能够帮助幼儿把想法反复集中到数据和证据上，理解数据和证据在科学讨论中的重要性。

STEM 学习实验室

请教师扫描下面的二维码观看视频，思考：

1. 视频中发生了什么现象？
2. 这种现象产生的原因是什么？说说你的证据。
3. 你觉得幼儿可能会如何解释现象产生的原因？为了让幼儿更深入地思考证据和推理，你会提出什么问题？

实践9：获取和交流信息

幼儿实践故事

春天到了，孩子们喜欢在地上观察小蚂蚁搬运粮食，或者为推粪便的屎壳郎加油，也经常为看到了漂亮的蝴蝶而惊叫。为了了解更多这样的小动物，教师带孩子们一起了解关于虫子的信息。

有一天，孩子们在阅读一本引进版科普绘本《昆虫》（*Bugs*），图书内容很简单，就是一些虫子的高清图片。忽然，有一个孩子说："蜘蛛不是昆虫。"其他小朋友说："蜘蛛就是昆虫啊，它是虫子啊。"第一个小朋友说："老师说过昆虫有6条腿，但是蜘蛛有8条腿，所以它不是昆虫。"另一个小朋友说："蜘蛛应该是8条腿的昆虫。"他们请教教师，教师查看图书的版权页，发现原书的英文名是"Bugs"，即虫子的意思，译者把书名翻译成了"昆虫"。教师告诉孩子们："第一个小朋友说得对，6条腿的虫子才叫作昆虫，蜘蛛不属于昆虫。虫子是我们口头上对很多爬来爬去的小动物的叫法，在科学上分成昆虫、蜘蛛等很多类别。"

跟讨论一样，获取和交流信息也是科学与工程实践的重要组成部分。《K—12科学教育框架》认为，"科学和工程是通过文字、图表、图像、符号和数学来表达和交流的认知方式。阅读、解释和生成文本是科学的基本实践，它们至少占工程师和科学家总工程时间的一半。"获取和交流信息包含着大量的专业知识和技能，幼儿可以探究的实践包括以下两个方面。

实践 9：获取和交流信息

9-1　理解科学、工程类图书与资料所传达的关键信息，了解科学、工程类信息的主要特点。

9-2　使用科学语言、图画或图表来交流自己对科学和工程的想法。

由于科学与工程信息有区别于日常语言的特殊性，所以获取和交流这方面的信息也并非易事。但即使是幼儿，就像他们对科学问题和非科学问题、事实与观点有着一定的直觉一样，他们也能凭经验和直觉认识到科学与工程语言和日常语言的差异。

9-1 理解科学、工程类图书与资料所传达的关键信息，了解科学、工程类信息的主要特点

请比较下面两句话。

"下雨是因为天上有雨精灵在跳舞。"

"下雨是因为水蒸气在大气层中遇冷凝结掉落下来。"

第一句中的词语和逻辑都非常简单易懂，而第二句中出现了"水蒸气""大气层""凝结"这些复杂的词语，句子结构更复杂，包括了好几个逻辑层次。我们可以看出，科学与工程语言和日常语言、文学语言相比，包含更多的专业词汇，其中词语、句子、段落之间的逻辑关系也更加严谨。在科学与工程信息中，还有大量的图示、表格等非语言表达方式（如图 2-16 中的乐高组装说明书，通过多种符号来说明各个部分的安装顺序和结构）。这对幼儿获取和交流信息提出了一定的挑战。

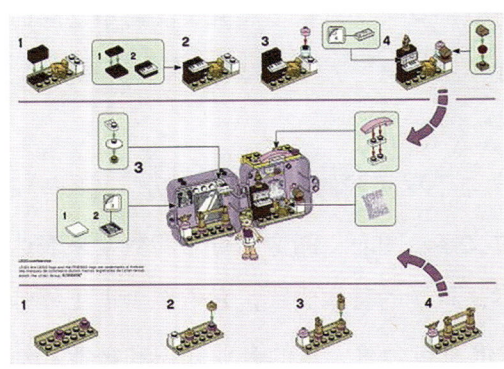

图 2-16　乐高组装说明书

通过仔细地观察图片和符号，幼儿可以理解这些说明性的表达方式。幼儿也可以尝试理解一些基本的专业词汇、书面词汇与日常语言之间的区别。在上面的故事中，一名幼儿对昆虫的定义比较敏感，抛出问题，帮助其他幼儿认识到"昆虫"是一个特别的词，有专门的内涵与外延，跟日常口语中说的"虫子"或"虫虫"不一样。对于这些可以与幼儿的经验相对接的专门词汇、科学词汇，幼儿是可以掌握其含义和使用方法的。也正是在对这些词语的探究和使用过程中，幼儿可以更好地了解到科学信息。

9-2 使用科学语言、图画或图表来交流自己对科学和工程的想法

科学语言、图画或图表这些工具和多项科学与工程实践都有密切的关系。在观察实践中，幼儿可以用这些工具来记录观察结果；在提问实践中，幼儿可以用来记录自己的疑问；在表征和创建模型时，幼儿可以用来解释某些现象或设计；在计划并开展探究时，幼儿会用来记录数据；在分析和解释数据时，幼儿会用来收集和组

织数据；在运用数学工具方面，幼儿可以用数学方式来表征对象；在构建解释和设计解决方案时，幼儿可以用来描述解释、提供方案；在基于证据进行讨论时，幼儿会使用大量的科学语言与材料来展开讨论。科学与工程实践离不开科学与工程信息的交流。

在交流信息时，幼儿可以使用简单的科学词汇，他们也意识到艺术绘画和科学绘画之间的异同，他们有能力理解、使用简单的图标和符号，并且可以在成人的支持下厘清科学与工程内容之间的逻辑关系。

在交流时，只有对内容的逻辑有比较清楚的认识，幼儿才可能有效地传递信息与想法。教师可以使用科学展示板来发展幼儿对内容逻辑的理解。科学展示板用硬板纸制作，分成中间大、两边小的三部分，教师可以将两侧稍微向前折起，这样整块板子就可以折起来。科学展示板一般有一个主题或问题，围绕这个主题把内容分成三块：其中中间一块是核心内容，这一块要展示该主题或问题的各个主要逻辑块面；两侧则放上相关的补充内容。

科学展示板体现了最基本的内容逻辑，所以非常适合在早期教育情境中使用（如图2-17）。

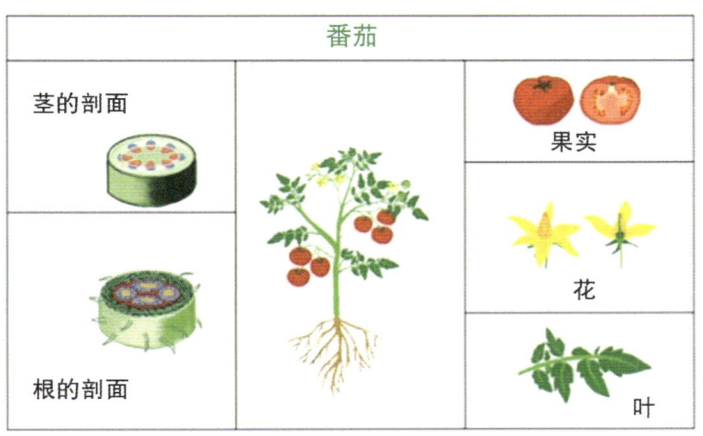

图 2-17　介绍番茄的科学展示板

图2-17是一个介绍番茄的科学展示板，中间展示了番茄植株的主要构成部分；右侧单独展示了幼儿比较熟悉的主要部分（如花、果、叶），让其细节更加清楚；左侧则展示了茎部和根部的微观结构，以满足幼儿的好奇心。这个逻辑结构层次非

常清晰，对幼儿发展科学内容的逻辑认知起到了潜移默化的作用。

科学展示板既可以作为教师的教学工具，也可以让幼儿试着用这个模板来展示自己的科学或工程认知，是一个非常简易好用的科学与工程信息交流工具。

STEM 学习实验室

1. 请教师选择一个主题或问题：
——蝴蝶的一生；
——天上为什么会下雨？
——车子叭叭叭；
——自定义内容。
2. 梳理该主题或问题的逻辑线索。
3. 制作一个科学展示板。

第三节　早期 STEM 教育标准：跨学科概念

跨学科概念，指的是一些至关重要的基本思想和方法，它们在科学、数学、工程、技术各领域中都能被看到，并且反复出现。它们跨越学科的界限，将各学科的知识联系起来，帮助人们形成一个连贯的、基于科学的世界观，被广泛地用在各种主题和问题的观察、分析、解释与设计中。

根据《K—12 科学教育框架》，适合基础教育阶段的跨学科概念包括：模式，原因与结果，尺度、比例和数量，系统和模型，能量与物质，结构和功能，稳定与变化。这些概念，对人类理解周围的世界是不可缺少的思想，将我们所观察到的现象组织起来并赋予意义；它们也是 STEM 学习的最终目标：通过在实践中不断深化对跨学

第二章 儿童是人类的研究和开发部门

科概念的理解，不断增强灵活运用跨学科概念解决各种问题的能力。幼儿从很小的时候就开始接触并尝试理解和运用这些概念，从而在实践中发展对这些概念的认知。

对这些概念的理解不是一蹴而就的，它们存在着许多不同的层次。在早期教育阶段，我们这样描述幼儿可以发展的跨学科概念。

早期 STEM 教育标准：跨学科概念

概念1　模式

概念2　原因与结果

概念3　尺寸、比例和数量

概念4　系统与模型

概念5　物质和能量

概念6　结构与功能

概念7　稳定与变化

我们也对每一条概念的发展内容做了界定，下面将逐一解释。因为这些概念的学习方法与特点已经包含在科学与工程实践中，所以我们不再对幼儿如何学习这些概念做解释，教师可以把这些概念与相关的实践标准对照并结合起来，在教学中关注幼儿跨学科概念的发展。

概念1：模式

模式是人类认识世界的重要概念，寻找模式是人类的本能。如果没有模式，那么这个世界就会杂乱无章，没有任何规律，无法形成任何可以推广的认知。人们总是在寻找模式，用模式来归纳世界的状态，从而试图把握世界的发展趋势，预测世界的变化。

科学家总是在寻找、确认并解释模式。例如，通过长期观察，人们发现月亮和地球的距离与潮汐之间存在着可预测的变化关系，通过论证这种模式，科学家不但可以揭示潮汐产生的原因，而且能够用该模式来指导航运等相关的人类活动。因此，科学家会关注模式，工程师也同样如此。比如：当出现任何需要解决的问题时，他们需要在问题中找到可遵循的模式，从而确定问题的原因；或者，他们需要调查随着季节的变化人们的购买行为和消费行为的模式，从而调整生产计划。

确认模式需要数据支持，模式所需要的数据越多，越是难以被发现和证实。处理数据的能力和发现模式的能力密切相关，因此，幼儿对模式的探索往往是从身边可理解的事物开始的，他们可以进行如下探索。

> **概念1：模式**
>
> 模式无处不在，出现在重复的形状、结构、事件和关系中。观察事物的特征及其形成的模式，可以用来组织和分类，并帮助理解事物的关系。
>
> 1-1　认识到生活中的事物存在模式，能识别生活中常见的模式。比如：花朵、雪花的结构模式；太阳和月亮遵循一定的模式出现在天空中。
>
> 1-2　根据特征对事物进行归类。比如：昆虫有6条腿，其身体分为头、胸、腹三部分。

模式是根植于人类大脑的认知方式，幼儿对模式的概念有一种天然的敏感。在"实践5"的故事中，幼儿一开始对月亮的形状处于一种懵懂的状态，但一旦这种认知被挑明——月亮有时是圆圆的，有时是弯弯的，他们就会意识到，月亮不可能是随机变化的，肯定会遵循某种规律。孩子们的生活经验告诉他们，模式无处不在，即使他们不知道"模式"这个词语。他们可以发现，大自然存在着各种模式，例如：白天和黑夜轮流交替，太阳和月亮轮流出现在天空，夏天会打雷、出现闪电而冬天会下雪，树干里的年轮（如图2-18，每过一年，树干里就增加一圈纹理，为什么会这样呢？）等。因此，当出现异常的情况时（如夏天迟迟没有天黑的时候，在白天看到月亮的淡影时，或者在冬天听到雷声时），总有一些幼儿会感到诧异并抛出问题。可以说，幼儿对模式的敏感度和他们对世界的好奇心是一致的，对模式的关注引出了他们对世界的疑问。

幼儿在自己的社会生活中也会发现模式，如成人安排的作息时间，在社会交往时要遵循的守则。我们也可以观察到，很大一部分幼儿对这些人为安排的模式，并不是那么容易适应，需要长期的磨合与强化。推而广之，

图 2-18　大自然里的模式——年轮

幼儿对教师可以安排的模式认知活动，也存在着两极分化的情况。有的幼儿很乐意在教师提供的模式材料中指认预设的模式，而有的幼儿似乎一再无视或排斥这种模式，如按照规律排列的形状序列。幼儿似乎有一些内在的标准来判断是否应该认可、遵循某种模式，即这种模式是不是必要的或有意义的。很明显，由于大自然里存在的模式往往存在于活生生的现象中，有自己的原因和后果，因此，与单纯的模式教学活动相比，其更能深化幼儿对模式的理解。

可以说，所有的科学探究从根本上来说都是围绕模式开展的。探究对模式的理解，包括发现模式、根据模式对事物进行分类以及用模式去预测事物的发展，指导自己的行动，或者以模式为线索来探究背后的因果关系。也就是说，从模式出发，幼儿开始了对原因与结果这一跨学科概念的探索。

概念2：原因与结果

关于科学的很多问题是"为什么会这样？""这是如何发生的？"等，这些也是幼儿最常发生的疑问。万事万物必然处在一个因果链中，某一种现象必然是由另一些现象引发的，这是幼儿在婴儿时期就建立起来的观念。个体解决任何问题都有赖于其对因果关系的理解。

> **概念 2：原因与结果**
>
> 科学中最重要的问题是关于为什么，某事是怎么发生的。任何科学应用或工程方案都取决于对因果关系的理解。
>
> 2-1 在观察到某种现象时思考现象产生的原因。这是怎么发生的？为什么会这样？比如：池塘里的水是怎样形成和消失的？苹果树是怎样长大的？
>
> 2-2 根据一定的证据推测、分析可能的原因，区分相关因素和无关因素。比如：没有水的种子没有发芽，放了水的种子发芽了，这说明种子发芽一定需要水。

在观察到某种现象时思考现象产生的原因，这意味着幼儿需要保持好奇心，并且知道一个现象必然受其他现象的驱动，世界是可以理解的而非"没有原因，就是这样"；也意味着幼儿具有敏锐的观察力，能够注意到不同寻常的现象。对原因与结果这一概念的基本认识，是幼儿从事科学与工程实践1（观察）和2（提出问题）的底层心理机制。

在探究科学问题和设计解决方案的过程中，对原因与结果这个跨学科概念的探究贯穿始终。如果作为原因的现象和作为结果的现象比较直接地呈现在观察者面前，那么，识别因果关系就比较简单。例如，踢球让球滚出一段距离，更用力地踢球让球滚出更远的距离。因为动作和效果紧密联系，所以幼儿很容易判断用力踢球和球滚得更远有因果关系。但是在复杂的现象中，因果关系很难被弄清楚。比如：我们都知道植物是种子发芽并生长形成的，但如果植物没有生长出来，是不是因为种子有问题呢？不一定。因为植物生长的条件非常多，需要种子，还需要合适的生长环境，如土壤、水分、阳光等各种条件。也就是说，因果关系并不是绝对的，一个事件可能会导致另一个事件，但并不保证绝对会发生。这些都对幼儿了解因果关系提出了挑战。所以，幼儿需要学习根据一定的证据来推测、分析可能的原因，区分相关因素和无关因素。这个在"实践4：计划并开展探究"中已经有解释，这里不再赘述。

第二章 儿童是人类的研究和开发部门

> **STEM 学习实验室**
>
> 选一棵带有根须的西芹,将其分成2根带有根须的完整叶子、2根不带根须的完整叶子、2根不带根须不带叶子的茎,并分别插在红色和蓝色的水中,2个小时后观察西芹的情况。思考以下问题。
>
> 1. 你认为实验现象产生的原因是什么?请解释其因果关系。
> 2. 你认为幼儿可能想到的原因有哪些?他们为什么会这么想?你会如何和幼儿一起探究他们提出的原因哪些是相关因素,哪些是无关因素?

概念3:尺寸、比例和数量

一般来说,我们比较习惯观察大小适宜的事物,比如日常生活中我们可以直接观察到全貌或者可以触摸和操纵的事物,如花朵、小狗、玩具等。对于过大的物体(如那些体积巨大、速度惊人的物体),或者过小的物体(如形状微小、变化迟缓的物体),我们很容易对其产生许多误解。随着尺寸的变化,我们对尺寸的认知也会受到常识的挑战,在生活中,我们经常会观察到这一点。例如,婴儿和成人相比,显得脑袋更大,很明显,在人类成长的过程中,身体各部分的比例是变化的。英国BBC科普纪录片《尺寸很重要》讨论了如果小狗变得像大象甚至中型恐龙那么大并仍然可以存活时,那么它就需要解决一系列普通小狗本来不会遭遇的问题,如身体的散热问题,这只狗可能需要像大象那样,长出巨大的耳朵来帮助散热(如图2-19),而且,狗的运动也将变得非常迟缓,不可能像原来那样敏捷。总之,小狗不可能等比例地变成巨型动物。同理,当一架桥的长度超过一定量时,其支撑结构也必须发生变化,否则桥面就可能断裂。尺寸、比例和数量是事物形成和运作机制的一部分,对尺寸和相关概念的认识,会很大地影响科学认知与工程设计。在早期阶段,幼儿就应该开始探究这些重要的概念。

图 2-19 科学家对小狗变大后的变化的猜想

概念3：尺寸、比例和数量

事物具有不同的尺寸、比例和数量，对不同量的感觉和认识是科学认知的重要基础。

3-1 通过周围的世界和自己的生活来理解各种量的变化。比如：大小、冷热、快慢等。

3-2 认识到量是相对的，可以比较与测量。比如：用弹珠和乒乓球来代表月亮和地球以比较大小。

3-3 了解不同的测量单位和测量工具。

3-4 通过估算来理解和解决问题。比如：至少需要20块积木才能拼出这么长的轨道。

尺寸是幼儿最早探究的基础概念。幼儿通过周围的世界、自己的生活经验来理解各种量的变化。一开始他们学会使用大小、冷热、快慢、轻重等词语来表达对量的相对性的理解，随着他们探究的问题越来越复杂，当无法用简单的方式来表达各种量时，他们就开始了解测量单位和测量工具。长度是最直观、最常用也最方便测量的属性，之后，幼儿将他们对长度的理解迁移到其他的属性中。虽然幼儿很难理解许多对量的表达方式,如角度的概念、温度是如何规定的,但在具体的问题中,他们也可以灵活地实际使用这些概念。例如,在斜坡的实验中,他们可能没法比较斜坡的角度,但他们知道斜坡越陡峭,小车的速度就越快——而这只是在一定的范围内起作用,因为:当斜坡陡峭到一定程度时,小车会直接脱离斜坡掉落;当斜坡平缓到一定程度时,小车就会静止不动。这也给了他们一个基础的理解:量的变化不一定只是量的变化,量变可能产生质变,从而使得某个规则失效。

幼儿可以通过模型、地图等工具来理解比例,并自然地运用比例的概念。当幼儿园的儿童在设计下棋比赛的桌椅时,他们知道没必要把桌子画得和真实的桌子一样大,但必须让图纸上的桌子比例恰当,看起来是桌子的样子。当瑞吉欧的孩子在记录用鞋子测量的桌子长度时,他们知道,在图纸上桌子和鞋子都变小了,但长度的比例没有变,画上的桌子仍然比 6 只鞋子长一点点。在科学探究中,通过比例,幼儿也可以更好地了解和探究更宏观或更微观的世界。

尽管幼儿很难精确地把握具体的尺寸、比例和数量,也很难更深地理解在客观的世界中尺寸、比例和数量的量级变化所产生的巨大影响,但他们可以使用对这些量的直觉,也就是通过早期的数感、测量感来理解和解决问题。例如,幼儿通过估算,推测一间活动室里大概可以放下几张桌子,从而判断活动室一次可以举行几场下棋比赛。

概念4:系统与模型

幼儿对尺寸、比例和数量的理解,使得他们可以通过模型来探究真实的世界。如"实践3:表征和创建模型"中指出的,科学模型是对现实中的对象、现象和物理过程的简化反映。由于我们所处的世界如此广大、如此复杂,我们不可能对整个世界进行研究,因此,科学家将现实中的对象、现象和过程分成小的部分,这种人为设置了边界的小的部分,就称为系统。很明显,每个系统都是世界的一部分,系统和系统之间也是不可分割的。但是,将小的系统与其他部分分割开,将其单独作为研究对象,这对科学家和工程师的工作来说是非常有用的,系统为研究和设计工作设定了范畴和边界,让问题解决成为可能。

一个大的系统可以分成不同层级的小系统,它也可以从属于一个更大的系统,这取决于人们需要研究什么样的问题。例如:一棵树可以视为一个系统,它包含根、茎和叶等一系列互相依存的结构,它们使得一棵树生长壮大。树叶也可以视为一个系统,树叶的结构承担着独立的功能。而一棵树也可以属于一个更大的生命循环系统,它从环境里汲取营养,在生长和死亡的过程中不断地向外界输出。人体是一个完备的系统,而人体又是由血液循环系统、神经系统、骨骼系统、呼吸系统、消化系统等一系列小的系统共同作用的结果。当然,人类本身又属于一个大的生态系统。幼儿通过这些他们可以理解的自然现象开始理解系统与模型(如图 2-20)。

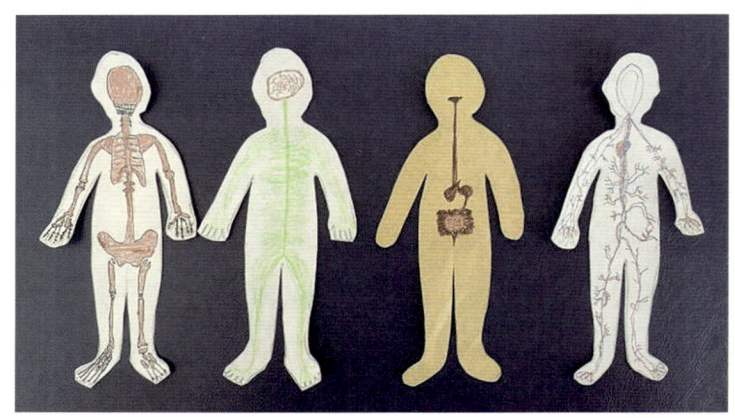

图 2-20 儿童制作的复杂的人体系统

理解万事万物都是相互依赖的,指的是任何一个系统都不是独立存在的,而是一个更大系统的一部分,我们只是为了解决某个问题而聚焦于其中的这个部分。在系统内部,每个系统都有一些相关的必要组成部分,只有弄清楚不同部分对该系统的有效运作的影响以及这些部分之间又是如何相互作用的,我们才能真正理解某个系统。这基本上就是科学探究的核心内容和工程得以满足需求的必要基础。幼儿可以学习使用多样化的表征方法来表达自己对系统和模型的思考。幼儿在表达时如果能涉及系统内的每个组成要素,说明他对系统已经具备了相当程度的理解。

第二章 儿童是人类的研究和开发部门

概念4：系统与模型

自然和设计的世界非常复杂，将世界分成小的部分有利于个体理解和研究世界，这些小的部分就称为系统。系统是由一系列相关要素构成的整体，系统的各个部分是互相依赖的。系统的边界取决于我们需要理解的问题，如宇宙中的太阳系、地球上的生态系统或者人体内的呼吸系统。

4-1 理解万事万物不是孤立存在的，而是相互作用、相互依赖的。比如：蜜蜂采花蜜来获取食物，而花朵通过蜜蜂采花蜜的过程来传播花粉。

4-2 理解可以通过分析其组成要素来对某种现象或对象予以解释。比如：球从斜坡自然滚落的速度，可以通过分析斜坡的高度、斜坡表面的特征等因素进行预测。

4-3 尝试用语言、图画或图表来表达对系统和模型的思考。比如：用图示表现水的形态的变化，画出卫星的设计图。

概念5：物质和能量

物质和能量是万事万物在这个世界上的存在形式，世界的运作就是能量和物质的转移。例如：只有有了能量（比如光）和物质（比如二氧化碳和水），植物才能得以生长。物质和能量始终都在流动、循环，并且保持守恒。物质和能量对幼儿来说是触手可及的，这种直观的特点使幼儿很容易把能量和物质混为一谈。

能量包括势能和动能。势能指的是储存在某个系统里的能量，它能释放或转化为其他形式，包括化学势能（比如食物、电池中储存的能量）、重力势能（比如在高处的物质就储存着能量）、弹性势能（比如弹性物质变形所储存的能量）以及核势能等。动能指的是物体运动产生的能量，包括热能（分子因高温而运动产生的能量)、光能(光的运动产生的能量)、电能(电子运动产生的能量)和机械能(物体的运动和位置所产生的动能和势能的总和)等。我们可以看出,能量的定义对幼儿来说是非常抽象的。而且,口语中的能量和科学名词"能量"是不一样的,在口语中能量一般指精力或力量。另外,"能量"和"能源"在口语中也经常被联系在一起,这会让幼儿把这两个词语误认为是一种东西。所有这些都对幼儿正确理解能量的科学内涵提供了几乎不可克服的挑战。

因此,在早期阶段,我们不要求幼儿对这一概念有明确的理解,但幼儿可以接触以下内容。

概念5:物质和能量

无论是人类世界还是自然世界都遵循这样的定律:能量的流动、循环和守恒是物质形成和变化的基础。比如:在地球生态系统中的水循环,每一次水的流动和变化都涉及能量的转移。

5-1 了解物质在一定的条件下会发生形态变化。比如:随着温度的变化,水会在液态、固态和气态间转化。

5-2 理解物质是能量的载体,了解人类世界需要的各种能源。比如:燃烧煤炭可以释放能量。

物质的形态变化是幼儿经常接触到的现象,如水的形态变化、溶解等。在这些物理现象中,物质的形态虽然变化了,但物质本身并没有变成其他东西,也没有变得更多和更少。幼儿也会接触到物质的化学变化,例如:当我们吃下食物,食物变成了营养和排泄物,食物不是"没有了",而是变成了其他物质;当树叶变黄落到地上,它也不会凭空消失,而是成为泥土的一部分,继续滋养其他的生命。物质在变化,但不会彻底消失,这是幼儿对"守恒"的一种朴素的认识。

教师也可以有意识地帮助幼儿了解物质是能量的载体,而不是能量本身。幼儿还可以了解到我们人类非常依赖的能量的来源,煤炭、石油、天然气等重要的能源为人类的生活提供了哪些能量,以及可再生能源和不可再生能源的区别。幼儿还可以积累有关能量转化的经验——能量不会消失,例如,电池的化学能可以转化为电能,热能可以从燃烧的天然气转移到食物中,等等。这些经验可以帮助幼儿为以后真正地探究和理解能量的概念打下基础。

> **STEM 学习实验室**
>
> 溶解是幼儿园里幼儿经常探究的一个现象。思考你或者其他教师进行过的相关教学活动。
>
> 1. 你认为,通过溶解这一现象,幼儿可以了解到哪些科学知识?
> 2. 在有关溶解的活动中,幼儿对物质和能量这一跨学科概念会产生哪些可能的理解?
> 3. 你看到的教学设计有助于幼儿理解这个概念吗?

概念6:结构与功能

结构是一个系统内所有组成部分的形状及其关系,功能是指结构产生的作用。结构可以用来解释功能,功能也可以用来解释结构。了解结构与功能,可以帮助我们理解万物运作的原理,并将其应用到解决问题的工程设计中。幼儿在很早的时候就可以开始探索结构与功能。

幼儿对结构与功能的探索从可见和可操作的对象开始。观察不同动物的嘴部,幼儿可以理解为什么每种动物的进食方式是不一样的;观察消防车和洒水车,幼儿可以知道不同车辆的功能是如何实现的。幼儿在最早的时候,一般只能注意到物体最明显的结构,例如:他们会先观察到自行车的两个轮子、蝴蝶的两只大翅膀。随着年龄的增长和经验的积累,幼儿会注意到互相作用的各个结构,以及结构的衔接部分。除了观察,幼儿最好能够操作对象,更好地体验结构发挥功能时的动态,从而更深入地理解结构发挥功能的运作过程。幼儿观察自行车的脚踏,可能会注意到脚踏是用来放脚的,如果他转动脚踏,就可以观察到脚踏是如何带动轮子转动的,从而使得自行车前进。

概念 6：结构与功能

自然系统和人工系统的功能都取决于某些关键部位的形状和关系，以及制造这些部件的材料的特性。了解一个物体或生物是如何运作的，最好的方法是观察它的结构和功能。

6-1 探索生活中各种物体或生物的结构和功能，发现结构和功能之间的关系。比如：独角仙的翅鞘和翅膀分别有什么作用。

6-2 运用合适的材料，通过创造结构来实现某种功能。比如：用绳子和钩子建造一个滑轮，将玩具从低处拉到高处。

通过模型，幼儿也可以探索更宏观或者更微观的对象，如太阳、月亮和地球的内部结构模型，幼儿可以发现这些星球虽然外表不一样，但都有一个滚烫的内核；观察微生物的模型，了解微生物的结构，他们就可以知道微生物到底是如何进入人体组织的。

结构总是和功能联系在一起。当幼儿探索了各种各样的结构后，他们逐渐知道要实现某种功能，应该具备怎样的结构。幼儿可以在游戏中自发地制作简单的结构来解决问题，如在玩沙子时，用沙子筑坝来引导水流；幼儿可以模仿现有产品的结构，如制作简单的椅子、桥梁；幼儿也可以在条件有限的情况下，灵活地使用各种材料，创造性地组成新的结构来达到预设的功能，如幼儿在了解了沙漏的结构与功能后，使用不同的容器来制作自己的沙漏（见图 2-21）。

图 2-21 北京市第五幼儿园的幼儿使用生活材料制作沙漏

第二章　儿童是人类的研究和开发部门

> **STEM 学习实验室**
>
> 请准备一支笔芯可伸缩的圆珠笔。
>
> 1. 从外观猜测圆珠笔的结构，并尝试在纸上画下来。
> 2. 将圆珠笔拆解成不同的零件，观察每个零件的形状、特点和功能。
> 3. 尝试将圆珠笔重新安装起来。
>
> 思考：从第一步到第三步的过程中，你遇到了哪些困难和错误？为什么会产生这些困难和错误？你觉得哪些方法可以帮助你克服这些困难和错误？

概念7：稳定与变化

在一定的尺度内，系统的结构是相对稳定的，但如果扩展尺度，那么所有的系统就都处于变化之中。稳定和变化是系统在某个临界点的一种状态。儿童早在蹒跚学步的时候，就在身处的环境中时时刻刻体验着稳定和变化。随着经验的增长，他们会不断地加深对这一组概念的探索。

幼儿在搭建积木时，会有一个阶段热衷于探索如何把积木搭得更高。他们发现，使用那些上下都是平面的积木，在下方用较大的积木而在上方用较小的积木，尽量使积木对齐并与地面保持垂直，在搭建时要轻拿轻放，这些都有助于他们搭出更高的积木塔。在生活中，幼儿也会发现，冰激凌并不会一直保持冰冻的样子，如果被拿在手里的时间太长，就可能融化甚至断掉并落到地上；阳光下的花苗会比阴凉处的花苗长得更快……生活中有很多探索稳定与变化的机会，教师需要用语言帮助幼儿意识到稳定和变化这两种相关的状态，例如："为什么这个积木房子最稳定？""为什么有的种子发芽了，有的种子完全没有变化？""怎样才能保持平衡呢？""为什么不倒翁永远不会倒？你有办法让不倒翁停住不动吗？""需要多长时间才能烧开这杯水？""我们应该怎样保存冰块？为什么？"教师可通过语言的示范和案例的讨论，

概念 7：稳定与变化

事物只有在满足一定条件的情况下才能处于稳定状态。当条件发生变化时，事物也随之发生变化。

7-1 认识到稳定需要一定条件的支持。比如：三角形结构比圆形结构更稳定；在室温比冷冻柜里的温度高很多的情况下，冰激凌如果没有被放在冷冻柜里，就会融化。

7-2 探索引发不稳定或者变化的条件以思考某种现象，或解决某个问题。比如："火山为什么会突然爆发？""怎样用纸做出某种结构来支撑一定的重量？"

让幼儿认识到稳定并非毫无作为，而是需要条件支持的，如果条件改变，稳定的情况就会发生变化。同样，如果要改变事物，我们就要创造改变的条件，这能帮助我们更好地解决问题。例如，设计一把摇椅和一把餐椅，我们如何才能保证它们的稳定或使它们发生变化呢？

STEM 学习实验室

请将 7 组跨学科概念分别写在一张小纸条上，任意抽取两张纸条，思考：什么样的科学或工程现象中同时涉及这两组跨学科概念？

第三章

教中学，学中教
STEM 教师素养

每个教师都需要提高，不是因为他们不够好，而是因为他们可以做得更好。

——英国教育家迪伦·威廉（Dylan Wiliam）

第一节
影响早期 STEM 教育的教学和评估方法

STEM 教育兴起于 20 世纪 90 年代,它的基本思想和方法受到同时期许多新的教学法的影响,可以说,这些教学法是 STEM 教育的精髓,如果没有这些教学法,STEM 教育和传统的科学教育就会没有什么差别。下面简单介绍两种比较重要的教学法。

探究式学习

顾名思义,探究式学习围绕着提问或探究来激发幼儿天生的好奇心和学习欲望。通过这种方式学习,孩子们可以亲自参与设计每个活动的学习路径。

图 3-1 瑞吉欧一家幼儿园的光影探索室
(注:图为程斐婷老师拍摄)

意大利的瑞吉欧是在早期教育中实施探究式学习的一个典型例子。例如,教师在让幼儿理解有关光影的概念时,让幼儿通过大量的观察、操作、游戏和实践来形成对光与影的理解(如图 3-1)。

在探究式学习中,教师利用适龄的经验来鼓励学生提出更多的问题:你们看到、闻到、听到、尝到、感觉到了什么?为什么会这样?我们还能发现什么?从幼儿的角度来看,他们开始使用逻辑和推理来解决问题,形成简单的假设,尝试用不同的方法来确定假设是否正确。在这种方法中,教师支持学生,帮助他们超越一般的好奇心,进入批判性思维和理解的领域。孩子们不是通过死记硬背知识与材

第三章 教中学，学中教

料来学习，而是通过实践、探索和体验来学习。

探究式学习与传统的学习方法有何不同？传统的学习是由教师提供有关某一学科的事实和知识，而探究式学习是一种教育策略，学生遵循类似于专家的方法和实践来构建知识。在传统的学习中，学生通常被教师告知预期的结果，并出示证据来证明事实确实如此。在探究式学习中，学生将学习掌握在自己手中，没有唯一的学习方法。

我们可以设想一个简单的教学场景。如果要求孩子们建造尽可能高的积木塔，在传统的学习情况下，教师可能会向儿童提供信息，解释建筑物是如何建造的，有哪些方法可以使它们保持稳定。孩子们按照正确的方法来搭建高塔，甚至在某些极端的情况下，孩子们没有机会操作真实的积木来验证这个理论。而在探究式学习中，孩子们聚在一起思考如何使这座塔高而稳定，然后用实践来测试自己的想法。由于塔不可避免地会倒塌，孩子们就要思考：为什么它会倒塌？我们可以做些什么来更好地解决这个问题？在这个过程中，孩子们所尝试的一切做法都不存在所谓的"错误"，整个学习过程对他们来说都是有用的。总的来说，探究式学习让幼儿成为学习和发现的积极参与者，他们不是等待别人把解决方案交给他们，而是学习如何成为问题解决者。

> 传统的学习是由教师提供有关某一学科的事实和知识，而探究式学习是一种教育策略，学生遵循类似于专家的方法和实践来构建知识。

有研究者[①]确定了探究式学习的几个基本要素（见表3-1）。

表3-1 探究式学习的几个基本要素

基本要素	描述
方向	教师介绍一个新的话题或概念。学生通过研究、直接指导和实践活动探索该主题。
提问	学生提出与主题相关的问题，做出预测和假设。

---

① PEDASTE M. Phases of Inquiry-based Learning: Definitions and the Inquiry Cycle[J]. Educational Research Review，2015，14（1）.

续表

基本要素	描述
调查	这是探究式学习中实践时间最长的部分。在适当的教师支持下，学生主动寻找答案，找到支持或反驳假设的证据，并进行研究。
结论	在收集完信息和数据后，学生可以得出结论并回答问题。他们确定自己的想法或假设被证明是正确的或有缺陷。这可能会引出更多的问题。
讨论/分享	所有学生通过展示结果相互学习。教师引导讨论，鼓励辩论，提出更多的问题以进行反思。

探究式学习有什么好处呢？第一，它能够提高学生的参与度。探究式学习要求学生对自己想要探索的问题负责，这需要学生有意识的参与和教师的支持，这些都能提高学生学习的主动性。第二，当学生在探索中学习而不只是听讲时，他们能更好地掌握概念和技能，这可能需要更多的时间，但加深了其对概念的理解。第三，研究表明，探究式学习有助于学生更长时间地保留自己所学的知识内容。第四，探究式学习以学生为学习的中心，教师不是忙于演示如何解决问题，而是观察学生如何看待问题，如何以自己独特的方式解决问题，这让教师能更深入地了解学生的思维方式和学习方式。

在探究式学习中，教师的角色发生了以下转变：教师通过引入话题，激发幼儿的好奇心，鼓励幼儿提问来开始探究过程；教师促进和引导学生之间的对话和讨论；教师关注讨论，澄清误解，提供信息以发展学生对材料的理解；教师帮助学生把经验带入讨论中，让学习更聚焦。

探究式学习有不同的切入和开展方法，其中有两种可以用在早期教育阶段。第一种可以称为结构化探究——教师介绍一个基本问题，引导幼儿投入具体的活动，幼儿在教师的支持下寻找问题的答案。第二种可以称为可控式探究——教师提供一系列材料，引出一系列问题，幼儿从中选择自己感兴趣的问题进行探究。这两种类型都考虑到了幼儿的具体认知发展水平，没有直接把幼儿抛进问题的茫茫大海，而是提供了有力的探究方向。

要促进幼儿的探究式学习,教师需要一些技巧,例如:要抵制告知幼儿答案的冲动;要限制自己说话的时间,把时间留给幼儿探索和讨论;要灵活地调整学习时间,根据幼儿的需要安排课时;培养幼儿回顾和反思的习惯。

从上文可以看出,探究式学习和 STEM 教育有非常多的共同点,科学与工程实践中的各条标准与探究式学习的精神几乎一致。这是因为,这两个概念指向的都是学习者的问题解决能力,利用幼儿与生俱来的好奇心,让幼儿从小学习自己驾驭探索世界的小舟。

项目式学习

项目式学习在国内经常以缩写 PBL(Project-based Learning)的形式出现。它其实属于探究式学习的一种,但比起探究一般性的问题,它更强调探究现实中存在的真实问题,并要求学习者提出真正能影响真实的世界、发挥实际作用的解决方案。比起探究式学习,它要求学习者融入成人世界、真实的社会,因此把学习和生活真正融为一体,为学习者提供强大的驱动力。

在本书第一章,我们就介绍了美国圣地亚哥创新学校 HTH 北县幼儿园持续了 5个月的"保护池塘"项目(见图 3-2)。这是一个典型的 PBL 项目,从幼儿感兴趣的问题出发,探索自然和社会中的各种现实,深入了解相关的学科知识与技能,并针对该问题提出了多种解决方案。请回顾第一章中该项目的简介,进一步感受 PBL 学习法。

图 3-2　HTH 北县幼儿园的孩子在教室里研究池塘生态

根据著名的 PBL 推广和研究机构美国巴克教育研究所的定义，PBL 是一种教学方法，学生通过长时间的工作来调查和回应真实、引人入胜和复杂的问题或挑战，从而获得知识和技能。PBL 最激动人心之处在于它为学习者提供了前所未有的学习动力，学习不是因为"老师要求我学习这个内容"，不是因为"认真学习可以得高分、进入好的学校"，而是因为"我必须学习这些内容，原因在于我需要用它来回答一个正等待我去解决的现实问题或一个有意义的问题"。学生的动机是真实的需求，在此过程中，他们研究科学、工程、社会、读写、艺术等多个学科领域，并不断深化自己的 21 世纪必备技能，如批判性思维、沟通、写作、解决问题的能力和创造力。

巴克教育研究所提出了 PBL 的黄金标准，包括如下几点。

- 智力挑战和成就。学习者能够长时间地参与解决具有挑战性的问题，专注于各种知识、概念与技能。
- 真实性。学习者从事的工作对学校内外的世界以及个人兴趣产生影响。
- 公共产品。学习者与同伴、教师和其他人分享自己的工作，向同学和课堂以外的人展示自己的作品并描述自己的学习，接受产品的反馈，与观众对话。
- 协作。学习者通过团队合作完成复杂的任务，胜任团队里的角色，与成人世界的人、机构合作。
- 项目管理。学习者有效地参与项目，管理团队。
- 反思。学习者评估和反思工作及学习内容。

许多研究发现：和人们所担心的不同，PBL 有助于提高学生的参与度和学术表现，学生所获得的知识也保持得更为持久（就像探究式学习一样）；PBL 对弱势学生的效果相同，有助于教育公平；它还让学校变得更加有趣，学生更愿意来学校学习。PBL 的公共产品对学习者尤其有吸引力，传统的课堂作业通常只是用来给教师批阅，最多也就是被同龄人或家长看到。而 PBL 的公共产品，是学习者针对问题提出的解决方案，在项目进行的时候就准备好要对更多的人开放，

> PBL 是一种教学方法，学生通过长时间的工作来调查和回应真实、引人入胜和复杂的问题或挑战，从而获得知识和技能。

他们有充分的探究时间来深思熟虑，可能聆听过利益相关者的意见并获得过专家的指导，因此产品成为他自己学习和解决问题的一部分，而不是对学校、教师和家长的"交代"。这种经历会给他们带来自信。

对幼儿来说，参与项目式学习并非天方夜谭，虽然他们在探索的深度、广度和时间长度上都逊于更大的孩子，但幼儿的好奇心、勇气以及完整地看待世界的视角会有助于他们投入项目式学习中。像 HTH 北县幼儿园那样，把 STEM 学习融入一个背景更广阔的项目中，和 STEM 教育的跨学科特点相得益彰，也让培养问题解决者的目标更明确。

形成性评估

除了以上两种教学法，形成性评估也对 STEM 教育影响深远，可以说是 STEM 教育的一个组成部分。

形成性评估是在学生学习的过程中评估他们所学知识的过程。形成性评估的目标是监控学生的学习情况，以提供持续的反馈，教师可以使用这些反馈来改进他们的教学，学生也可以使用这些反馈来改进他们的学习。形成性评估可以帮助学习者确定他们的长处和短处，帮助教师认识到学生在哪里遭遇困难并及时提供合适的支持。

形成性评估和总结性评估有很大的不同。总结性评估是指在教学活动或教学阶段结束时进行评估来评判学生的学习情况，如考察最终的产品、考核对知识点的掌握等。传统课堂上比较重视总结性评估，一般来说也就是对学习成果的评估。

STEM 教育的目标是学习解决问题，而在自主解决问题的过程中，必然会遭遇各种困难和错误。因此，形成性评估对 STEM 教学至关重要，可以说是推进学习的必要手段。科学与工程实践的标准中就包含了形成性评估的要素。例如：在创作产品前，先让幼儿画出设计图，这样可以及时了解幼儿在此时的学习状态，给予早期反馈；在讨论时要求幼儿出示证据，这样有助于了解幼儿的思维过程，等等。当我们使用科学与工程实践标准在活动过程中观察和评估幼儿时，我们就能明显地感受到形成性评估的力量。下面举例说明。

制作降落伞是幼儿园里一个常见的活动。制作降落伞涉及多种科学与工程实践

以及跨学科概念。教师可以根据活动中的难点来确定评估的重点。首先我们要注意到，制作降落伞对幼儿的动手能力有一定的要求，而我们一般不把技术当作早期STEM评估的重点，这是因为幼儿的手眼协调能力和小肌肉发展水平确实不能完全胜任制作降落伞这样的精细工作，所以教师不必要求幼儿的作品非常精致，可以用各种方法降低难度或标准。对幼儿来说，主要是思考应该如何制作降落伞，在制作完成后，通过测试来发现降落伞效果优劣的原因，并据此调整来改进降落伞。所以，当我们对这个活动进行评估时，重点可以考察下面两个指标（见表3-2）。

表3-2 评估时重点考察的两个指标

实践与概念	成功	改进
实践8-2 基于证据进行讨论：使用数据或证据进行科学讨论，以完善主张。	在改进自己的降落伞或者向他人提出建议时，可以提供观察到的各种证据。	在讨论时无视证据。
概念2-2 原因与结果：根据一定的证据推测、分析可能的原因，区分相关因素和无关因素。	能根据各种情况分析降落效果好坏的原因。	只能关注视觉上比较明显的因素，如伞面的大小不同，很难考虑其他因素。

这些评估都是在活动过程中做出的，当幼儿出现"改进"中的情况时，教师就要围绕相应的科学与工程实践、跨学科概念及时引导幼儿做出调整。可以看出，在这个评估建议中，教师并不考察幼儿的降落伞效果是否优良、谁的降落伞制作得更成功（虽然这些具体情况也会在活动中出现），教师关注的重点

在活动中遭遇适当的困难和错误，教师通过形成性评估及时与幼儿互动，这是STEM活动设计的题中应有之义。

始终是幼儿在活动中思考和讨论的状态。而且敏锐的教师也会发现，正是因为幼儿制作的降落伞不理想，幼儿才有了深入探究"实践8-2（基于证据进行讨论）"和"概念2-2（原因与结果）"这两条实践与概念的机会。在活动中遭遇适当的困难和错误，教师通过形成性评估及时与幼儿互动，这是STEM活动设计的题中应有之义。

第二节　创建适宜发展 STEM 素养的环境

瑞吉欧有句名言——"环境是第三位教师"。这对 STEM 教育同样重要。环境是学校工作中最先被人关注到的部分，它传达了学校和教师对教育的思考。为了最大限度地提高幼儿学习 STEM 的积极性，学校和教师应该为幼儿创造一个富有吸引力的学习环境。我们把学习环境分为文化环境和物理环境两部分来进行讨论。

所谓**文化环境**，是指在校园里创造一种对 STEM 友好的氛围，让 STEM 成为校园文化的一部分。教师可以做的事情包括如下内容。

（1）将 STEM 活动纳入课程常规，规划专门的 STEM 活动时间和场所，让幼儿意识到 STEM 是学校生活里的重要组成部分。

（2）在日常的语言交流中纳入有助于培养幼儿 STEM 意识的词语，如"STEM""科学""技术""工程""数学""探索""研究""实验""测试""设计""科学家""工程师"等。

（3）当观察到幼儿对 STEM 相关内容表现出兴趣和自发的行为时，寻找机会来促进和鼓励这种倾向。

（4）提倡"试试看""动手做""你可以做到"的态度，让幼儿有信心尝试各种 STEM 体验。

（5）鼓励犯错，教师和幼儿都需要建立"我从错误中学到了更多东西"的成长型思维，而非"犯错说明我做得不好"。

（6）创造机会让幼儿分享自己和 STEM 相关的成就与心得。

（7）在其他领域的学习中融入和 STEM 相关的内容，例如：阅读 STEM 主题的图画书；接触 STEM 相关行业与专家，等等。

（8）设立专门的STEM节日或大型活动，通过有意义的节庆氛围来培养幼儿对STEM的归属感。

（9）对家长进行STEM教育，让家长参与到幼儿的STEM学习中来。

（10）在校园内增加有关STEM的物理因素，如相关的雕塑、墙面装饰、标语、互动游戏装置。

文化环境虽然不像物理环境那样明显，但对深处环境中的人有重要的潜移默化的影响。创造STEM友好的文化环境，跟幼儿园以及教师的教学理念与风格密切相关。在以上10条建议中，有的很容易在学校层面对照实施，如（1）（8）（9）（10），可以直接纳入幼儿园日历；有的可以有意识地纳入教室里的课程安排，如（6）（7）；有的依赖教师内化的自我要求，如（2）（3）（4）（5）。这是教师STEM素养的一部分，是教师需要长期修炼的基本功。

物理环境指学校和教室里为STEM学习提供的空间和资源。对空间和资源的深思熟虑支持学习者的兴趣，引发好奇心，鼓励幼儿投身其中。

STEM学习空间需要满足幼儿进行个人、小组和集体活动的需求，要平衡操作、讨论和聆听的需求。空间里的家具最好是灵活的，不能被固定物品占满，在必要时可以随时重新组合，以满足活动的需要。在STEM学习过程中，幼儿的状态经常是不一致的，很可能有一些人在涂写，而其他人在空地上操作。

尽管要确保灵活性，但不能牺牲学生对整洁和秩序的感官需求。材料和工具的存储与安排必须保持固定，在座位和材料工具柜之间设置相对稳定的动线，让幼儿养成及时归还材料的习惯。我们可以注意以下几方面来设置STEM学习空间。

- 以低结构材料为主，将材料分类，固定摆放位置。如图画纸类、手工纸类、纸箱纸盒类、自然物类（如树枝、石子）、纺织材料类（如布料、绳子）、小型物品类（如瓶盖、玻璃珠、软木塞）、木制品类、金属材料类、磁性材料、瓶罐类，等等。

- 将材料和工具分开放置，工具可以包括木工工具、美术工具、测量工具、常用工具（如回形针、各种钉子）、连接工具（如胶水、胶带）、分拆工具（如剪刀、分割器）、电子工具（如电池、LED灯、导电材料）、收纳工具、安全工具（如防割手套、创可贴）。

- 所有材料应该能直接被幼儿看到，小型材料可以放在透明的容器中，柜子是敞开式的或带有玻璃挡板，大型材料应该方便翻找。对所有物品都应张贴标签和编号，教师可以建立一份清单，方便定期收纳和整理。
- 由于材料与工具繁多，教室里不宜再添加过多装饰，避免视觉堵塞。墙面上可以张贴重要的标语或主题装饰画，色彩不宜过于夺目，面积也不应过于铺张。
- 安排专门的清洗区域，促进多感官学习。

以上建议适合专门的大型活动室，但教室里的需求也应予以满足。教师可以在教室里创设专门的小型区角，提供常用的低结构材料和工具，方便幼儿开展小规模的操作活动和进行自由创作。

有关材料与工具的建议并非必备清单，教师可以用作参考。在选择材料时，教育功能和安全需求应该平衡，应限制年龄较小或经验较少的幼儿接触可能有安全隐患的材料。

之所以强调 STEM 活动的材料必须以低结构材料为主，是因为 STEM 教育的目标在于培养问题解决能力，也就是提出创造性方案的能力。低结构材料具有开放性，可以有多元的处理方式，方便幼儿灵活使用，不仅能培养幼儿的创造力，拓展幼儿的思路，还能体现幼儿的风格与个性，有助于幼儿创造出具有个人特色的产品。我们建议幼儿在 STEM 活动中的操作材料应以低结构材料为主，在必要的时候将专门设计的结构化材料作为辅助。低结构材料可以营造一个学习和实验的教育场所，而结构化材料可以营造出一个标准化生产车间。材料的选择，可以说是教育风格的决定性要素之一。

第三节
平行学习：STEM 教师的学科知识积累

一项欧洲四国联合对幼儿教师进行的调查表明，许多因素是开展早期 STEM 教学的障碍，这些因素包括：没有完备的 STEM 教学空间、教学资源在数量和质量上的不足、教师缺乏学科知识、2 名教师不足以支撑活动、教师的动机和以小组教学为主的教学管理。其中，缺乏学科知识是最让幼儿教师对 STEM 望而生畏的因素。这和我们在我国幼儿园里获得的反馈是一致的。这项调查也发现：一方面，幼儿教师缺乏学科知识；而另一方面，幼儿教师通常认为 STEM 教学的首要目标就是让幼儿获得相关的学科知识。这两者互相作用，极大地影响了幼儿教师从事 STEM 教学的积极性。

在谈论如何解决这个问题之前，我们先介绍一个从计算机领域引入教育领域的概念：平行处理。作为促进教师专业成长的方法，平行处理指的是在教师培训时，导师与教师互动的方式，应该和导师期望的教师与幼儿的互动方式相一致。也就是说，教师在学习时，应该和幼儿的学习方式一致。我们把这种教师学习和成长的方式叫作平行学习。

平行学习有很多好处：首先，平行学习要求教师关注学生学习的方式和过程，而不是直接关注结果；其次，平行学习让教师有机会体验学生在学习时遭遇的困难，帮助教师思考教学重点和支持策略；最后，平行学习改变了教师制定教学策略的起点。很明显，如果教师了解学科知识，那么他在设计教学活动时就很容易从所谓正确的学科知识而非问题出发来制定活动程序。在这种情况下，由于教师熟悉的是学科知识而非学习过程，因此，即使教师把提出问题作为一个教学策略，问题的设置和展开也可能被正确的答案限制，幼儿的学习过程同样被限定了路径。

那么，在学科知识不完备的情况下，教师如何通过平行学习来更好地设计教学活动呢？

第三章 教中学，学中教

在本书第二章中，我们介绍了艾莉森·高普尼克提供的一个小男孩解决问题的视频。当小男孩面临一个不知道答案的问题时，他会首先做一个假设，然后通过操作、实验、试错来论证自己的假设。这一系列实践行为是幼儿投入科学与工程探究的价值所在，教师可以注意到，当幼儿最终找到了答案时，探究就此结束，在这整个过程中，答案本身并没有太大的学习意义，它只是引领幼儿不断探究的一个诱饵，真正提升幼儿思维的，是这个男孩不断思考相关因素和无关因素、寻找实验的方法、分析实验结果以及做出逻辑推理的过程。

作为促进教师专业成长的方法，平行处理指的是在教师培训时，导师与教师互动的方式，应该和导师期望的教师与幼儿的互动方式相一致。也就是说，教师在学习时，应该和幼儿的学习方式一致。我们把这种教师学习和成长的方式叫作平行学习。

当我们结合平行学习来思考上述这个过程时，就可以获得这样的启发：在面临一个新问题并感觉到自己对这个主题不太理解时，教师不必急于去搜索正确的答案，而是可以像幼儿那样，先思考这个问题的相关因素和无关因素，对问题提出假设，思考自己可以如何验证这个假设。教师在经过一个完整的探究过程后，根据自己的探究来思考幼儿可能会如何解决这个问题，据此来设计和组织教学活动。

我们以幼儿园里常见的沉浮实验为例。教师一般都知道物体的沉浮取决于物体的密度和水的密度的大小，但是，理解密度的知识对活动设计并不一定是有利的因素。许多教师会让幼儿围绕物体的大小、轻重等与密度相关的因素来设计幼儿实验，虽然这些因素幼儿确实可能考虑到，但是，并不是幼儿可能考虑到的所有因素。例如，很多幼儿认为，物体的沉浮可能与它进入水里的方式有关：我们如果用力压物体，就可以把物体压沉；如果从很高的地方扔下物体，那么物体可能就会沉入水底，等等。也有幼儿认为，物体的沉浮和水的深浅有关。物体的沉浮跟密度有关，是人类经过很多探究之后才得出的科学结论，在得出这个结论之前，人类排除了很多错误的认识。对幼儿来说，了解密度这个知识，基本上只需要被动地聆听解释，而通过探究来排除自己对沉浮的错误认识，才是真实的科学探究。就像美国哈佛大学教授霍华德·加德纳（Howard Gardner）所说的："教育的目的应该是修正全世界所有儿童的生命前五年必然出现的各种错误概念与简化定型的形象，同时也应该是保留住儿童心灵中最特别的一些特色——由于它的冒险性而推广生成的能力、善于灵活解题而不时发生的弹性与创造力。"

此外，我们必须注意到，许多成人认为简单的学科知识对幼儿来说是非常难以理解的。比如"密度"这个概念，指的是质量和体积的比例，幼儿对"比例"的概念尚处在初步感受的阶段，又怎么可能理解"密度"这个概念呢。如果把学科知识（问题的"正确答案"）当作教学目标，既可能让活动成为全赖于教师指导的固定操作，偏离幼儿真实、复杂的思考与认知路径，也必然会导致揠苗助长的小学化倾向。

学科知识只是人类探究过程中的阶段性成果，许多知识只是在一定范围内、一定条件下才得以成立，对人类来说，掌握科学探究和解决问题的方法，才能够不断地革故鼎新，深入了解世界，持续解决新问题。STEM 教育的目标也正是如此。

所以，STEM 教师的学科知识积累过程，应被看作像幼儿那样，不断通过探究来尝试回答问题的过程，而不是首先被看成一个快速获取更多科学原理的过程。教师通过这样的途径来习得学科知识的过程，我们称为平行学习。教师必须像幼儿那样去探索世界，并且以此为参考更好地为幼儿探索世界、解决问题创造条件和机会，像这样通过平行学习来思考活动设计与组织的过程，我们称为平行处理。简单来说就是：平行学习，指的是你希望幼儿如何去学习，你就应该用这种方式去学习；平行处理，指的是你希望如何设计你自己真实的探究过程，你就应该用这种方式去组织幼儿的探究过程。

使用平行处理的原则来规划 STEM 活动组织的全过程，教师应该做到如下几点。

- 确定问题：找到一个幼儿感兴趣的问题或工程需求。
- 开展探究：思考这个问题的相关因素，对问题提出几条有可能性的假设，设计实验来验证自己的想法，完成论证或测试。
- 反思：记录并思考自己在探究的过程中遭遇的困难和挫折，对照自己所带的班级里幼儿的经验与认知水平，预测幼儿可能提出的假设以及幼儿可能遭遇的困难。

- 设计活动：根据自己的探究和反思，设计幼儿探究的大致过程，准备材料与支持策略。

在这样反复平行处理的过程中，教师不仅会对学科知识有更深刻的认知，而且提高了自己从事科学与工程实践的素养与技能，最终成为真正胜任工作的 STEM 教师。

下编

学会解决问题:早期 STEM 教学法

第四章

在解决问题的过程中学会解决问题
STEM 教学活动组织

对那些为了做好事情必须学会的东西,我们通过做来学。

——古希腊哲学家亚里士多德(Aristotle)

第一节　学会解决问题

　　问题，通常被认为是需要达到某种目的但面临着某些困难的一种状态。生活可以说就是解决问题的过程，我们总是需要不断地解决问题。在早上上班快要迟到的时候，我们需要考虑一系列的因素来决定是坐公交车还是打车去办公室；当我们走在路上发现鞋子坏了的时候，我们需要思考到达目的地的方法；可能我们与某个必须打交道的人发生了矛盾，如果不解决就会带来更多的问题；可能在需要精神抖擞的时候，我们却感到疲惫不堪，需要思考如何振作起来……我们可能觉得幼儿在大部分情况下无忧无虑，许多问题早已经被成人预先解决了，但幼儿面临的问题并不比成人少，例如：他们拿不到位置更高或更远的物品，不会使用简单的工具，必须配合成人的安排，甚至独自去购买冰激凌也要解决一系列的小问题……问题有各种各样的形式，我们在生活中遇到的问题当然并不总是科学或工程问题，但无论是什么问题，要得到合理的解决方案，都离不开一些普遍的环节或要素。

　　根据前文介绍的平行学习理念，让我们先亲自尝试解决一个问题，思考在问题解决的过程中，我们究竟经历了怎样的思考，克服了哪些困难，影响我们问题解决能力的因素到底有哪些。

第四章　在解决问题的过程中学会解决问题

> **STEM 学习实验室**
>
> 旗帜是一种重要的标志和符号。国家、机构或组织通常会有专属的旗帜，古代的许多家族也有自己的旗帜。请教师为自己家设计和制作一面家庭旗，并且遵循如下要求：
> ❖ 旗帜要表现出自己家庭的风格、气质和特色；
> ❖ 旗帜不限形状，但尺寸不能超过 40cm×40cm，必须能够以某种方式真实地展示和使用；
> ❖ 提供旗帜的设计和说明图，以便向他人做介绍。

不管最后设计的旗帜怎么样，在设计和制作的过程中，大家会思考诸如以下一些问题。

1. 旗帜到底是什么？
2. 不同的旗帜有哪些特色？
3. 我应该寻找哪些现成品作为参考？
4. 这些旗帜的设计要素是什么？
5. 我的家庭有什么特点？
6. 我应该挑选哪些要素来展示这些特点？
7. 不同的要素如何在旗帜上组织起来？
8. 我家的旗帜应该选用什么材料、形状和尺寸？
9. 我需要使用哪些工艺？
10. 旗帜应该以什么方式展示出来呢？
11. 我如何才能把旗帜制作出来？
12. 我需要哪些工具？
13. 制作好的旗帜合适吗？
14. 这面旗帜有没有什么问题？

15. 这面旗帜看起来是否合适？

16. 家人是否满意？

17. 可以怎样将制作好的旗帜改得更好？

18. 对设计家庭旗我还有什么想法？

……

尽管每个人思考的重点和顺序不一样，但这些问题在制作家庭旗的过程中都会出现。仔细分析这些问题，我们大致可以把它们分成以下不同的类别或过程。

界定问题：思考家庭旗到底是什么（1）；

分析问题：旗帜涉及哪些设计要素（2，3，4）；

提出解决方案：我的家庭旗具体该怎么设计（5，6，7，8，9，10）；

实施解决草案：做出旗帜的初稿（11，12）；

测试解决方案：展示成品，查看效果，请他人观看（13，14，15，16）；

改进解决方案：修改旗帜初稿中的问题（17）；

反思：回顾整个过程，总结可积累的经验与想法（18）。

当然在每个人解决问题的过程中，以上步骤并不是按部就班的，可能有反复，可能有顺序变换，但是每个环节都有非常重要的作用。界定问题，指的是当问题的指向不是很清楚的时候，需要确定问题的范围与条件。问题界定不清楚，可能导致后面的所有行为全部错误。例如，如果需要"尽快"把某项任务完成，需要界定"尽快"到底是指几个小时，还是几周，或者是几个月，这是你能否解决这个问题的前提。分析问题，指的是确定问题的相关因素，排除无关因素。这个步骤至关重要，决定了后面解决问题的方向与效率。没有对问题进行基本的分析就急于提出解决方案的情况，在成人中也并非罕见，而这往往会增加工作量，导致更多的麻烦。而善于解决问题的人，往往是对问题的相关因素有比较清晰的认识的人。在对问题进行了分析之后，个体就可以针对相关因素提出解决方案。在提出方案后，在条件许可的情况下，个体往往会先创造出一个草案，也就是一个测试版。因为比较完善的方法并非一蹴而就，

第四章 在解决问题的过程中学会解决问题

所以除非是迫于无奈，否则为了提高方案的质量，总是会先有一个草案或者产品的原型来作为过渡。在创造出草案或原型后，自然要先做模拟或测试来了解其不足之处。之后再根据测试情况做出改进。反思也是解决问题的重要环节，虽然它不再直接作用于这一轮的问题解决，但善于解决问题的人总是会反思自己的经验，或用于下次类似的情况，或作为自己的素养库，以提升自己整体的问题解决能力。

解决问题的行动，不仅跟具体的行动力有关，也取决于解决问题的思维水平。所谓思维，就是大脑产生的想法。在思考时，我们脑海里的想法似乎沉沉浮浮，毫无章法，但当我们把想法付诸语言或行动时，就会呈现出相对有序的状态。思维的清晰性、准确性、认知性、丰富性体现了思维的质量，思维的验证性与启发性说明思维可作用于实践。相反，缺乏逻辑的、混乱的思维会给实践带来负面的影响。因此，在解决问题的过程中，个体如果能按照具有逻辑的方式来妥善地思考问题，就能够提高解决问题的水平。

学会解决问题，也就是学会按照解决问题的逻辑来思考实践的每个环节，让思维和实践协调统一，避免那些阻碍我们思维的错误认知和有害的习惯。即使是幼儿，也可以在成人的领导下，按照解决问题的逻辑思路来一步步地拨开萦绕在问题周围的迷雾，成为一个严谨的问题解决专家。因此，活动设计的流程，应该和解决问题的一般过程保持一致，以帮助幼儿形成科学解决问题的思维习惯。

当然，上述解决问题的过程是指在问题已经被抛出来之后的过程。在生活中有个更重要的能力，即在现象中发现问题，在问题还没有造成严重的后果之前就能预示或揭开问题，这就是被科学家与工程师们普遍认为更重要的能力：发现问题。它是问题解决过程的第一步。有关发现问题的内容，在前文科学与工程"实践2"中已有叙述，这里不再重复论述。

> 学会解决问题，也就是学会按照解决问题的逻辑来思考实践的每个环节，让思维和实践协调统一，避免那些阻碍我们思维的错误认知和有害的习惯。

问题的形式多种多样，涉及各个领域，在STEM领域中，幼儿所涉及的主要问题可以分为两大类：科学问题与工程问题。这两大类问题有区别，也有关联。在思考如何解决时，幼儿可以遵循上述问题解决的路径，同时要考虑到问题的类型

幼儿园 STEM 教育活动设计方法与实例

和特点。下面分别叙述解决这两类问题的主要步骤。

> **STEM 学习实验室**
>
> 按照上述从界定和分析问题到改进解决方案并反思的步骤与过程，你会如何组织活动，引导幼儿制作自己的家庭旗？把你所设想的活动环节记录下来并与同伴交流。

第二节 科学思维

首先，让我们回顾之前讨论过的科学问题：天上为什么会下雨？当我们需要解决这个问题时，我们首先确认了雨就是水，这是对问题的一个界定，"天上为什么会下雨？"变成了"为什么天上会有水掉下来？"。这是非常关键的一个步骤，因为这个界定包含了解决问题的一些基础认识——我们在地球上的很多地方都会看到水，水往低处流，但是好像并没有看到水会从地球逆向去往天空，那么天空中的水是从哪里来的呢？这样一个界定，包含了我们理性认知"下雨"这一现象的可能性，围绕这个界定，我们就可以来分析这个问题的相关因素。如果天上的水和地上的水是一样的，水没有直接流到天上去，那么有没有可能水以其他形式上升？在了解水的形态变化及其条件、大自然的一些气候现象之后，我们就提出一个可能解决这个问题的答案：天空中的水就是地球上的水，在满足一定条件的情况下形成雨。这是一个假设，我们需要观察这个假设是否真的成立。由于条件限制，我们没法上天入地跟踪水的变化，因此，我们可以设计一个模拟实验来验证假设是否成立。在创设好实验装置后，我们实施这个实验，模拟测试了假设中水循环的各种条件，并获得了某些结果。这个实验是否就能说明现实中的情况呢？我们需要审慎思考，对照现实中的复杂情况，也许对实验可以做更加细致的调整与改进，从而验证实验结果在

第四章 在解决问题的过程中学会解决问题

各种情况下都能成立。

从上一段我们可以看出,回答"天上为什么会下雨?"这个问题的过程遵从问题解决的一般路径,但也有科学会探究一些特有的要素。同样是探究我们身处的世界,哲学家更强调理性地考察问题,社会学家更强调价值和文化的观点,而科学家始终根据观察和测量,以实际的证据来论证客观世界的运行规律。那么,幼儿需要遵循怎样的思路才能像科学家一样解决问题呢?

科学思维流程

科学家通过观察、假设、实验、论证来获得问题的答案,科学家解决问题的流程可以总结如下(见图 4-1)。

科学家利用科学实验思维来回答问题,虽然有些问题比另外一些问题更难探索,例如:科学家无法复活恐龙或回到侏罗纪时代来验证他们的假设,虽然他们无法进行最直接的观测和实验,需要修改具体的方法,但是许多步骤仍然是相同的:通过观察、提问、收集和检查证据、分析各种信息是否能通过逻辑建立因果关系等,都是科学家解决问题必须思考的步骤。

(1)观察现象,提出问题。科学家总是观察常人司空见惯或完全没有注意到的现象中可能包含的问题,观察现象是发现问题的第一步。人们可以提出各种各样的科学问题:到底是如何发生的?为什么会这样?有什么区别?有联系吗?为了找到最适合儿童探究的问题,教师和幼儿可以在一

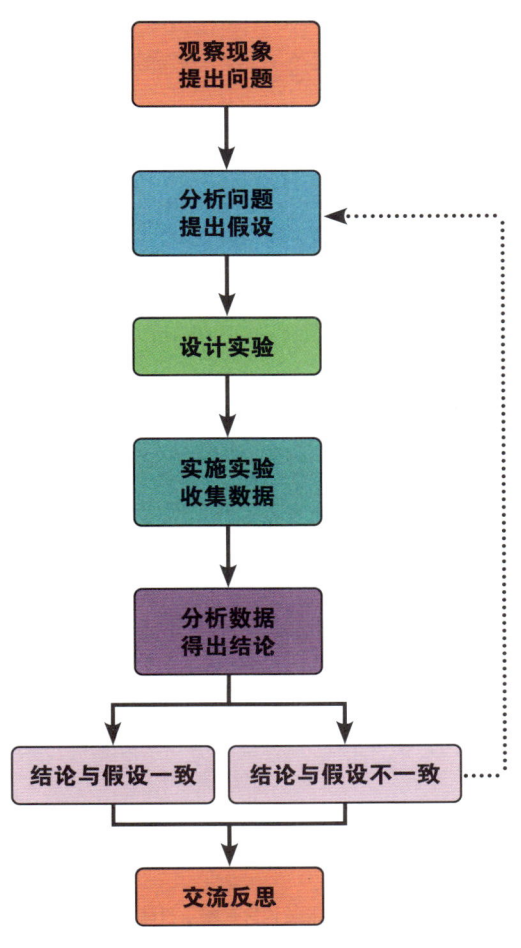

图 4-1 科学思维流程

个固定的时间或地点收集各种问题备查（如前面提到的好奇墙、好奇泡泡等方法），也可以制作自己的科学观察记录本。

（2）分析问题，提出假设。针对问题分析相关因素，当然也通过各种资料来查找相关信息，支持自己做进一步推测与假设。假设不是胡思乱想，是对问题做出的有根据的猜测。假设应该包含可以测量的因果关系。

（3）设计实验。根据对问题的分析和假设，围绕假设中的相关因素，设计一个实验来检测假设是否成立。实验可以是真实发生的现实，也可以是对现实的模拟。无论实验是现实的还是模拟的，设计者在设计实验时都应考虑到让实验能够成功实施的各个环节，以确保收集到想要的数据，并且要考虑到实验方法必须能代表普遍的情况。例如：测试水果的大小是否影响沉浮，不能只拿一大一小两个水果来进行实验，而需要界定大和小的标准，并且根据标准安排一定数量的大水果和小水果。

（4）实施实验，收集数据。科学家可能需要多次实验，确保结果不是偶然的，在每次实验时应该只更改一个因素，在其他条件都相同的情况下进行公平的测试，获得可靠的数据。实验可能失败，没有按照预设的流程发生（此处并非指结果，而是指实验时实验者没有按照计划成功落实每个实验步骤），此时实验者需要重新检查实验设计。

（5）分析数据，得出结论。研究数据，按照相关标准对数据进行分类和比较，总结数据说明的因果关系，描述数据揭示的结论。如果结论和假设一致，则说明假设成立，尽管科学家有时还会用新的方法再次测试假设；如果不一致，则需要科学家重新分析问题，提出新的假设。

（6）交流反思。科学家需要反思每一轮解决问题的过程，和同行交流自己的结果与发现。科学家总是对同行的工作兴趣盎然，他们积极评估同行的工作，从中发现疑问或借鉴想法。在频繁的交流和反思中，科学工作不断获得新的推进。

科学实验的思维流程在现实中并非一成不变，科学家可能会根据实际情况调整，往往会在步骤间来回往复，但始终遵守其中的核心原则，也就是通过实际的证据进行推理和论证。

第四章　在解决问题的过程中学会解决问题

根据科学思维设计探究活动

幼儿在探索科学问题时，不可能在每个流程环节中都进行审慎、完备的思考。教师应该根据科学思维流程和实际问题，在经历普遍的科学思维流程的前提下，有目的地选择让幼儿重点探究的环节，并思考在这些重点环节中幼儿着重探讨的科学与工程实践，确定观察和评估的要点。

> **当教师根据科学思维流程来设计探究活动时，在每个环节中应该重点思考如下策略。**
>
> 1. 观察现象，提出问题。如何设计和确定幼儿发现问题的情境或机会？
> 2. 分析问题，提出假设。如何引导幼儿通过深入观察了解问题？如何鼓励幼儿大胆假设并明确地表达假设？
> 3. 设计实验。如何围绕每一个假设来设计科学实验？
> 4. 实施实验，收集数据。如何操作实验，观察和记录数据？
> 5. 分析数据，得出结论。如何分析数据，证实或推翻假设？
> 6. 交流反思。如何表达自己的科学探究过程与发现？

幼儿的科学活动类型

幼儿探索的科学问题并不一定都会开展实验，教师应根据问题的不同性质设计活动环节。幼儿的科学活动可分成以下几种类型。

（1）**完整的科学探究活动**。这一类活动指的是从科学现象与问题出发，提出假设，实验论证的过程。在这种活动中，即使教师在实施活动的过程中对不同的环节有策略上的偏重，幼儿也会经历完整的科学思维流程。相关的问题如："影子从哪里来？""什么能帮助物品溶解？"

在这一类活动中，幼儿可能会重点探索如右科学与工程实践和跨学科概念。

> **实践**： 4　计划并开展探究
> 　　　　 5　分析和解释数据
> **概念**： 2　原因与结果

107

（2）观察一系列科学现象，了解其模式。这一类活动指的是在一定的时间与空间内，观察一系列科学现象，了解这种现象发生的规律。在这种活动中，幼儿通过长期耐心的观察，发现、归纳和总结事物运行的模式，从新的视角认识事物。相关的问题如："月亮是怎样变化的？""什么是昆虫？""树可以分成哪几种？"

在这一类活动中，幼儿可能会重点探索如右科学与工程实践和跨学科概念。

> **实践：** 1 观察
> 5 分析和解释数据
> **概念：** 1 模式

（3）观察科学现象，了解其组织系统。这一类活动指的是幼儿观察各种对象，探究其每一部分结构的状态与相互关系，了解该对象的各个部分如何组成了一个整体。相关的问题如："吃下去的食物发生了什么？""人为什么会直立行走？""植物是怎样喝水的？"

在这一类活动中，幼儿可能会重点探索如右科学与工程实践和跨学科概念。

> **实践：** 1 观察
> 3 表征和创建模型
> **概念：** 4 系统与模型
> 6 结构与功能

（4）阅读科学资料，获取科学信息。这一类活动通常都被看作阅读活动，但其实它们也是科学活动。在这一类活动（如阅读《神奇校车》、观看科学纪录片《微观世界》）中，图书、影音都是科学信息的载体，幼儿通过观看来理解科学信息。

在这一类活动中，幼儿可能会重点探索如右科学与工程实践和跨学科概念。

> **实践：** 1 观察
> 2 获取和交流信息

相关的跨学科概念取决于科学资料的具体内容。

在按照科学思维流程来组织和设计活动时，教师也可以根据活动的类型和相关的实践与概念来安排活动的具体环节，以及需要观察评估的重点。当然，以上活动类型所涉及的实践与概念，只是一个普遍的归纳，在具体的活动中，教师可以灵活地调整和处理。在实际教学中，许多具体的活动也许融合了几种类型，也许由不同类型组合成一系列的主题探究活动，这些都需要教师进行综合处理。

第四章　在解决问题的过程中学会解决问题

> **STEM 学习实验室**
>
> 请用科学思维流程来设计一个幼儿园经典科学活动（如沉浮问题、溶解问题、坡道问题等），可参考以下提示。
>
> 1. 观察现象，提出问题。如：设计或确定什么现象可以让幼儿提出有关沉浮的问题？
>
> 2. 分析问题，提出假设。如：如何引导幼儿分析沉浮问题，有根据地提出各自的假设？
>
> 3. 设计实验。如：如何围绕幼儿的每一个假设来设计沉浮实验？如何引导幼儿思考需要哪些材料和工具来进行实验？
>
> 4. 实施实验，收集数据。如：谁来操作设计好的各种实验？在实验时要做到什么？如何观察和记录数据？
>
> 5. 分析数据，得出结论。如：如何分析数据，引导幼儿证实或推翻自己有关沉浮的假设？
>
> 6. 交流反思。如：幼儿可以通过哪些方法来表达自己的科学探究过程与发现？

第三节　工程思维

工程思维是工程师在解决工程问题时所思考和遵循的一系列步骤与方法。幼儿设计并制作家庭旗的过程就是通过工程思维来解决问题的过程。要了解什么是工程思维，首先得知道什么是工程。虽然在口语中我们很容易把"工程"这个词和一些大型的工业生产过程联系起来，但广义的工程并不一定与大有关，也不一定与工业有关，而是指对自然世界的改造过程和人造物的发明创造过程，其产生的作品都可以称为工程产品。由此可以看出，我们身处的就是一个工程的世界，我们无时无刻不在消耗和使用工程产品，也在频繁地从事各种工程活动。有人的需求，就会有工程设计和工程产品。

工程和工程产品无处不在，因此，工程设计虽然在早期教育和基础教育中是一个新近受关注的领域，但却是非常受欢迎的领域。对幼儿来说，深入了解一个事物的动力来自这个事物是有趣的或者它对自己来说是有用的。有趣，不只是指好玩，更是指幼儿出于好奇的天性，会关注这个事物是怎么做出来的，为什么会产生这样的效果；有用，指的是工程或者工程产品帮我们解决了什么问题。

> **STEM 学习实验室**
>
> 工程师时间：
> 放下手中的书，用你身边现成可得的材料与工具，想办法为自己设计并制作一个抓痒工具。

在制作抓痒工具的过程中，你注意到自己思考了哪些问题吗？你首先会想到身体的哪一部分最需要抓痒工具——通常是背部，由此你会思考抓痒工具大概需要多长。你可能会模仿一下手持抓痒工具的动作，结合自己的经验，分析这个工具大体的结构——可能有抓手、手柄和终端部分。为了制作这个结构，你会搜罗身边各种适用的材料，并想办法把这些材料组合起来。在制作出第一个抓痒工具后，你可能会试着使用它，发现了它存在各种问题，可能是手柄太短，可能是抓痒效果不佳，可能是不够坚固，也可能是过于锐利……然后你会思考如何去改进它，尽管很难找到理想的材料和工具，但最终你会在现有的条件下对第一个产品进行改进，无论如何，现在好像比之前要好多了。你对自己说，要是我有……就好了，那样抓起来肯定会比较舒服。

无论最终的抓痒工具是好还是坏，你都经历了一次典型的工程思维流程，用一句话来概括，就是想尽办法来满足一个需求。和科学思维流程一样，工程思维流程也有自己特有的要素。

工程思维流程

工程师通过设计、创造、测试来解决工程问题，其一般思维流程可以概括如下（见图4-2）。

（1）**提出需求**。它是指通过观察发现了某个问题，某些人有某些困难或者需求，以及为什么解决这个问题或满足这个需求很重要。例如：幼儿园的菜园里有一条小路，幼儿走在那里很容易滑倒。

（2）**分析需求**。它是指调查与需求有关的情况，了解类似问题的现有解决方案。例如：这条路有什么用处？为什么幼儿需要用到这条路？这条路有哪些特点？为什么幼儿在这条路上走时很容易滑倒？大人容易滑倒吗？有没有可参考的菜园小路呢？那些路都是怎么做的？等等。

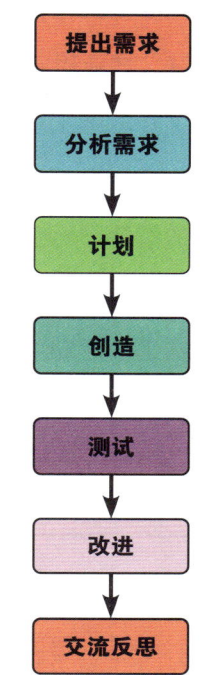

图4-2 工程思维流程

（3）**计划**。它是指根据分析需求的结果，提出解决问题的具体方案，并在客观的条件下寻找合适的材料和工具。例如：幼儿园提供了一定的资金，由孩子们对这条路进行改造。那么幼儿需要明确改造方案应该满足哪些条件，这条路可以改造成什么样子，资金够不够，需要使用哪些材料和工具。这些都需要详尽的计划。

（4）**创造**。它是指根据计划的方案完成工程和产品。例如：孩子们自己或找到成人合作者改造完成这条小路。

（5）**测试**。它是指在初步产品（也可以称之为原型）出炉后，将其交付给相关的使用者使用一段时间，以便检查产品能否解决问题，满足需求。例如：让新修好的小路测试一个星期，看看幼儿是否还会发生摔倒的情况，或者有没有其他问题。

（6）**改进**。它是指根据测试的情况，进一步完善产品。例如：根据大家的反馈意见，对路面再进行一些修缮或处理。

（7）**交流反思**。它是指回顾这次工程的成功和不足之处，为下次工作积累经验。

当然，与解决科学问题的情况一样，工程师也可能会遇到没有预料到的极端情况，需要全部推倒重来，甚至重新回到分析需求的环节，可能需要经过多次的设计和测试，才能确定最终的解决方案。这个过程叫作"迭代"。

工程思维注重在客观条件的限制下解决实际问题，所以工程师提出的方案往往并不是最科学、最经济或者最彻底的解决方案。科学家总是在追寻一个经得起各种推敲的解释，而工程师则专注于快速解决问题，满足客户需求。这是科学思维与工程思维的不同之处。

在工程活动中，幼儿除了会经历科学与工程实践的普遍标准，也会重点理解一些工程与设计的关键概念。

工程设计关键概念（根据《K—12科学活动框架》调整）

1. 定义和界定工程问题

1-1 通过工程可以解决需要改变或创新的情形或问题。

1-2 提问、观察和收集信息有助于思考问题。

1-3 在开始设计解决方案之前，首先应该清楚地理解需要解决的问题。

2. 开发可行的解决方案

2-1 方案包含解决问题需要的工具、材料、实施方法和实现的目标。

2-2 草图、图纸或实物模型可以呈现设计思路，帮助人们交流解决方案。

3. 优化设计方案

3-1 测试的目的是找出失败的原因或者困难，确定需要改进的元素。

3-2 比较不同的设计方案，有助于更好地解决问题。

4. 材料和工具

4-1 材料的特性影响到其功能和完成任务的效果。

4-2 工具的功能有利于解决特定的技术问题。

第四章 在解决问题的过程中学会解决问题

以上概念突出了工程的特别之处。重点探讨这些工程领域里的特殊概念，可以帮助幼儿更好地理解和解决工程问题。我们建议在设计幼儿工程活动时，除了普遍的科学与工程实践标准和跨学科标准外，至少选取以上概念中的一条作为主要的观察和评估标准，以帮助我们有目的地培养幼儿的工程思维。

幼儿的工程活动类型

让幼儿能够了解工程思维的活动都可以被称为工程活动。并非所有的工程活动都必须让幼儿实际经历上述完整的工程思维流程，我们把适合幼儿的工程活动分为以下几个类型。

（1）**完整的工程探究活动**。在这一类活动中，幼儿需要通过工程来解决一个实际的问题，会设计出一个产品来满足某一类人的需求。因为幼儿处于特殊的发展阶段，所以这些问题可能是在游戏或虚拟的环境里发生的。类似的活动包括：帮仓鼠搭建一个游乐场；帮《三只山羊嘎啦嘎啦》《The Three Billy Goats Gruff》里的山羊重新建一座桥；设计并制作理想中的宇宙飞船模型；等等。

根据活动的具体情境，幼儿会经历工程思维流程中的各个重点阶段。如果是游戏或虚拟情境，那么测试的环节可能就会相应弱化。但不管是不是真实的情境，分析需求、计划和创造的环节对幼儿来说都是非常真实的思维体验。

（2）**了解工程产品的结构与功能**。在这一类活动中，幼儿了解工程产品的内外结构，弄清楚一个产品到底是由哪些部分构成的，这些结构如何满足了使用者的需求。类似的活动包括：描述或描绘产品的外观和内在结构；猜测产品的内在结构；拆解和组装常用的产品；推测和描述不同的产品组合和功能之间的关系。

（3）**了解工程产品是如何制作出来的**。在这一类活动中，幼儿探究一件人造物品到底经过了哪些制作过程，使用到了哪些材料和工具，经历了哪些部门和人员的合作。类似的活动包括：观看产品的制作流程；了解产品的来龙去脉；猜测产品是用什么制作出来的、如何制作出来的；等等。

（4）**从工程角度了解各行各业的工作情况**。在这一类活动中，幼儿接触各行各业的"工程师"，了解他们的工作常规，他们会用到哪些材料和工具，制造哪些产品，为哪些人服务。类似的活动包括：采访各行各业的人员；了解自己的一日生活得到了多少行业从业者的帮助；了解某个行业为儿童和成人创造了什么不同的产品；等等。

> **STEM 学习实验室**
>
> 请根据工程思维流程来组织一个完整的幼儿工程探究活动（如为仓鼠建造一个游乐场），可参考以下提示。
>
> 1. 提出需求。如，可为班级购买一只小仓鼠。
>
> 2. 分析需求。如，了解仓鼠的生活习性和需求，了解一些现成的仓鼠游乐场产品。
>
> 3. 计划。如，提出自己对仓鼠游乐场的设想，画出设计图，准备材料和工具。
>
> 4. 创造。如，按计划制作出游乐场原型。
>
> 5. 测试。如，观察仓鼠在游乐场里的生活和游戏状态，观察其中的设施是否能满足仓鼠的需求。
>
> 6. 改进：如，根据测试阶段的观察结果来改进游乐场。
>
> 请选择一条科学与工程实践标准、一条跨学科标准和一条工程设计标准来调整你的重点活动环节，并阐述你确定标准和调整环节的理由。

第四节 幼儿 STEM 活动的组织

经历完整的科学思维或工程思维的 STEM 活动应包含三个主要部分。

第一部分，STEM 学习标准。 学习标准是活动的主要学习目标，也是教师设计活动的准绳。建议一个活动至少精选1条科学与工程实践、1条跨学科概念作为本活动的学习标准。选择的依据是：①它们与活动内容密切相关；②它们是教师希望幼儿在活动中重点发展的能力。此外，对于工程活动，建议加选1条工程设计核心概念，选择依据同前。此外，在撰写活动方案时，建议把与活动相关的科学知识列入标准栏目，供其他人参考。

第二部分，活动过程。建议根据活动性质的不同（是科学活动还是工程活动），分别按照科学思维流程和工程思维流程来组织活动流程。教师可以根据选定的STEM学习标准来分配每个环节的比重。在每一个环节，活动组织者应该充分预测幼儿可能的情况，做好应对不同情况的预案。但整体来说，幼儿将在教师的领导下根据思维流程来解决问题或需求，从而达到发展问题解决能力的整体目标。

第三部分，活动评估。活动评估是根据学习标准对幼儿在活动的重点环节中的表现进行预测和分级（具体可参考第三章第一节中的形成性评估）。教师应根据评估标准在活动中实时、准确地观察和评估幼儿，及时做出支持和干预，帮助幼儿更好地在活动过程中提高实践水平和对跨学科概念的理解。

为方便叙述，我们把这种组织活动的方法简称为SPA方法，S是指标准（Standards），P是指思维流程（Process），A是指评估（Assessment）。下面以3—5岁的一个幼儿工程活动示例来说明如何用SPA方法组织一个活动。

STEM 活动：摇摇铃

（3—5岁）

活动概述

　　声音类玩具是低龄幼儿较喜爱的玩具类型之一。因为幼儿具有敏锐的声音感知能力，其接收声波的范围和分辨音素的能力远远超过成人。幼儿也喜欢玩各种声音游戏。制作摇摇铃是符合幼儿兴趣，并适合幼儿的挑战能力的有趣的工程活动。

　　在这个活动中，幼儿需要使用各种低结构材料，制作符合一定要求的摇摇铃。他们将学会做一名工程师，不仅要制造出产品，还需要考虑产品是否符合使用者的特定需求。

STEM 标准

【科学与工程实践】

　　1-2　观察：有目的地审视事物以获得有意义的信息和数据。

【跨学科概念】

　　3-2　尺寸、比例和数量：认识到量是相对的，可以比较与测量。

第四章 在解决问题的过程中学会解决问题

【工程设计】

1-2 定义和界定工程问题：提问、观察和收集信息有助于思考问题。

4-1 材料和工具：材料的特性影响到其功能和完成任务的效果。

▶ 标准说明 ◀

在制作摇摇铃之前，只有当幼儿关注到"声音非常响亮"这样的需求，而不仅仅是"能发出声音"，才会产生比较材料的发声效果的关键步骤[工程设计1-1（定义和界定工程问题）]。而能否实现这一需求，则有赖于不同材料的特性[工程设计4-1（材料和工具）]。

在制作摇摇铃的过程中，面对多种材料，幼儿需要克服自己对颜色和物品造型的直觉喜好，从发声效果的角度来选择合适的材料，所以他们需要通过听觉、视觉、触觉等多种感官来观察、比较，更好地了解物品的发声效果[科学与工程实践1-2（观察）]。在比较发声效果时，幼儿需要认识到，即使一种材料听起来已足够"响亮"，他们也可能会找到比它"更响亮"的材料，并进行多重比较[跨学科概念3-2（尺寸、比例和数量）]。

材料准备

详细清单略。重点是要准备数种不同材质的材料，如小海绵块、泡沫球、回形针、硬币、纽扣等低结构材料，让幼儿有机会根据需求来选择合适的材料。

活动过程1：提出需求

用工程课上的布娃娃向幼儿提出需要一个摇摇铃的需求：谢谢大家上周为我们的朋友布娃娃做了枕头。布娃娃喜欢音乐，喜欢游戏，它希望拥有一个非常响亮的摇摇铃，这样她可以带去参加朋友的音乐会。小小工程师们可以帮忙吗？

▶ 活动说明 ◀

在开展工程项目时，我们希望幼儿能够产生一个"真实"的需求，这个需求可以来自真实的生活，也可以来自幼儿默认的游戏情境，例如：活动过程1中教师使用幼儿熟悉的在工程课上经常向他们提出要求的布娃娃来导入情境。这为幼儿的行为提供了有意义的背景和目标。

活动过程2：分析需求

拿出教师自制的毛绒球摇摇铃和丝带摇摇铃，告诉幼儿这是教师帮娃娃制作的摇摇铃，但是布娃娃说不能用，请幼儿看看是为什么。

（1）研究这两个摇摇铃是用什么做的，发出了什么样的声音。

（2）谈谈布娃娃为什么说它们不能用，问题可能出在哪里。

教师只需要引导幼儿发表看法，不必点评。

▶ 活动说明 ◀

在科学与工程实践中，在动手之前先分析问题，弄清楚问题的本质所在，是解决问题、避免过度浪费和非必要错误的关键步骤。这是一个需要长期培养才能形成的习惯，因为大部分幼儿更倾向于直接动手，一旦受挫就热情湮灭。

分析问题的过程也有利于教师了解幼儿对问题的理解程度和经验水平，为后面的观察和支持提供依据。

教师自制摇摇铃的声音非常微弱，围绕核心问题，幼儿一般会形成两种意见：一种意见认为有声音，但是非常小；另一种认为根本没有声音。这些看法都说明幼儿意识到了摇摇铃必须要发出声音。

而还有一些幼儿会从无关声音效果的角度评论摇摇铃，如认为扭蛋不能用来制作摇摇铃，教师制作的摇摇铃跟自己家里的摇摇铃不一样等。教师应该允许大家发表不同的意见，因为这些问题同样涉及摇摇铃项目的不同方面，如摇摇铃的外形和材料是否有硬性要求，符合什么样的条件就可以称为摇摇铃。这是一个涉及思维的灵活性和开放性的话题。

关于为什么布娃娃对摇摇铃不满意，在充分、良好的讨论环境下，也会形成如上的复杂局面。教师的责任在于引导幼儿主动发言，互相回应，而不要做出评判。因为幼儿将在后面的环节中进一步梳理以上的想法。但从整体上来说，在这个环节，幼儿将意识到他们需要制作一个能发出响亮的声音的摇摇铃。至于他们认为的"响亮"是否符合需求，这将得到进一步考验。

活动过程 3：探究和计划

（1）教师向幼儿介绍材料台上的材料名称。

（2）请每组幼儿取回自己小组的材料，在组内探究。在探究时幼儿需要注意的问题包括：

- 感知不同材料的特点；
- 猜测不同材料发出的声音大小，并说明理由；
- 请幼儿验证一下自己的猜测。

（3）请幼儿说说自己想要用什么材料做摇摇铃及为什么。

（4）告诉幼儿，他们对材料探究和了解得越多，越有利于制造出自己想要的摇摇铃。

▶ 活动说明 ◀

材料和工具属于工程的关键要素，是形成解决方案时必须要考虑的问题。因此，教师应该允许幼儿有充分的时间来探究不同的材料，在条件许可的情况下，教师可以为有特殊需求的幼儿提供便利。当幼儿的需求超越了能力水平时，教师可以引导幼儿思考替代的方法。所有这些，都会促进幼儿工程思维的发展。

"探究时需要幼儿注意的问题"并不需要教师特别提醒，教师可以观察幼儿是否可以在自由探索的过程中自觉地认识到并有意识地关注需要考虑的焦点。但教师可以围绕这些问题和幼儿讨论，例如："你喜欢这个材料吗？""你为什么认为它的声音会很好听/很大,你是怎么知道的?"等,这样可以启发和帮助幼儿梳理自己的思考。

小组内互相介绍自己的想法,可以使幼儿形成聆听的习惯,并从他人的想法和经验中获得启发。教师应培养幼儿组内讨论的习惯,如借助于小教具规定发言的顺序和流程。

活动过程4:创造

请幼儿根据自己的探究和设计,选择一种材料制作一个摇摇铃。在制作过程中,幼儿需要思考和解决的问题主要有:

- 选用什么材料,选用多少材料;
- 在发生冲突时,组内协商解决。

▶ 活动说明 ◀

"只选择一种材料"是一个比较重要的限定条件,因为如果幼儿混杂使用材料,在讨论时就会模糊问题的焦点,可能超越幼儿讨论这个话题的能力。

当然,如果仍然有幼儿使用了一种以上的材料,也不必就此全盘否认他的做法。可以根据实际效果选择相应的讨论和指导策略。

幼儿可能认为材料越多声音越响,而事实上并非如此。教师可以观察哪些幼儿遇到了这些问题,是否能通过测试找到改进的办法,从而了解幼儿的发展水平。教师不应该直接介入制作过程。

幼儿经常会发生争夺材料的情况,教师需要提供充足的材料,避免纷争;在条件不许可的情况下,要培养幼儿协商解决问题的习惯,教师可以介入进行干预。

活动过程5:改进

(1)幼儿在组内展示自己的摇摇铃,小组成员仔细聆听。

(2)聆听小组成员的意见,思考如何改进并予以改进。

第四章 在解决问题的过程中学会解决问题

▶ 活动说明 ◀

教师可以使用固定的流程和句式来帮助幼儿学习如何介绍自己的产品,比如:可以要求幼儿先说"我的摇摇铃是用……(材料)制作的,我一共用了……(个)材料",然后摇晃摇摇铃发出声音,让大家看到摇摇铃的效果,最后询问小伙伴:"你们喜欢我的摇摇铃吗?还有需要改进的方面吗?"

一般来说有两种方法可以帮助幼儿有条理地表达自己的想法:一种是教师有针对性地提问,幼儿回答;另一种是教师提供流程和句式,让幼儿遵循一定的规则来表达内容。两种方法适合不同发展阶段的幼儿,第二种方法更能让幼儿了解叙述时的要素。反复提到"改进"这样的关键词,也可以让幼儿了解任何解决方案都可以通过改进来更好地服务于最终目标。

活动过程 6:反思

(1)教师将所有材料样品一起展示在幼儿能清楚看到的地方。

(2)教师按照展示的材料顺序,请一两位选用对应材料的幼儿展示自己的摇摇铃,大家比较摇摇铃的声音,探讨这种材料做摇摇铃是否合适,用相同材料制作的摇摇铃的声音是否一样。

(3)参照图 4-3,按照材料能发出的摇摇铃音量,对不同的材料进行排序(把材料放在蓝色块对应的位置)。

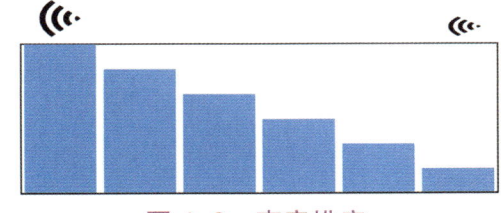

图 4-3 声音排序

▶ 活动说明 ◀

这个反思环节尝试让幼儿给不同的音量排序。声音的排序会受到摇摇铃的材质和数量以及幼儿的主观感受的影响,但大体上幼儿会形成一个相对来说比较主流的意见。在比较的过程中,教师可以引导幼儿根据材质的特点来分析音量的大小,如硬的东西发出的声音会比较响亮,而软的东西发出的声音会比较低沉。在这样的比较和排序的过程中,幼儿不仅在思考量的相对性,同时深化了要围绕需求来设计和实施工程的意识。

幼儿评估

对幼儿的评估如表 4-1 所示。

表 4-1　对"摇摇铃"活动中的幼儿的评估

实践、概念与工程	成功	改进
实践 1-2　观察：有目的地审视事物以获得有意义的信息和数据。	通过视觉、触觉、听觉等多种感官观察、比较和测试，了解不同材料的声音效果，即使不能对全部材料进行审视。	根据与发声大小无关的属性选择自己喜欢的材料。
概念 3-2　尺寸、比例和数量：认识到量是相对的，可以比较与测量。	能尝试比较用不同的材料制造的摇摇铃，根据摇摇铃声音的大小进行排序，即使不能排出正确的顺序。	受材料音质的影响，很难判断声音的大小。
工程 1-2　定义和界定工程问题：提问、观察和收集信息有助于思考问题。	能有意识地关注材料发出的声音大小，来获取最响亮的摇摇铃效果。	能制作摇摇铃，但对声音的大小没有特别关注，可能更关注摇摇铃的颜色和外形。
工程 4-1　材料和工具：材料的特性影响其功能和完成任务的效果。	能用材料的属性来评价和改进声音的效果。	随机改变材料获取更佳效果，不关注或不能预测替换的材料是否会改进效果。

▶ 评估说明 ◀

四项评估内容贯穿活动的始终，但为了更清晰地评估，教师可以在以下环节对特定的内容进行观察、记录。

实践 1-2 主要通过观察幼儿探究材料的动作来判断。跨学科概念 3-2 主要通过反思环节来判断。工程设计 1-2 通过分析需求和创造的过程来判断。工程设计 4-1 通过创造和改进过程中教师的提问、观察来判断，比如教师可以问：你为什么用（换）这个材料？为什么这样会让摇摇铃更响呢？

第四章 在解决问题的过程中学会解决问题

从《摇摇铃》的示例活动中可以看出，用 SPA 方法来组织活动有以下优势。

第一，STEM 学习标准成为整个活动设计的指南针，方便教师关注幼儿的实践能力和幼儿对跨学科概念的理解，由此也将教学的重点转向幼儿的学习过程。在活动中贯彻学习标准会改变教师的提问和支持策略，更好地为幼儿的技能与思维发展服务。

第二，用科学思维和工程思维来组织整个活动流程，能够让幼儿在活动过程中体验解决问题的逻辑，形成有序解决问题的思维习惯，这充分体现了 STEM 活动有别于其他学习领域的独特性质。用科学思维和工程思维来组织活动，还为教师提供了普适性的、富有逻辑的活动组织线索，防止教师为每一个具体的活动内容规划不同的活动流程，避免在无效的组织策略上浪费时间。

第三，形成性评估有助于教师贯彻学习标准，提示观察和评估重点，告诉教师在活动中需要有对幼儿做出支持和反馈的关键时刻，让评估真正有效地落实教学目标，而非根据结果对幼儿做出优劣评判。

（活动选自"新儿童 STEAM 博物馆方案·小小工程师博物馆"）

* * * * * * * * *

在本书后面的章节中，我们将使用 SPA 方法来介绍一些 STEM 活动的实践案例。读者可以借鉴这些案例，更好地理解 SPA 教学组织方法，并将其运用到自己的教学实践中，帮助自己和幼儿发展 STEM 素养。

其中，第五章"好奇心引领儿童：科学问题探究"聚焦科学活动的组织；第六章"梦想和游戏大师：工程问题探究"聚焦工程活动的组织；而第七章"在生活中成长：真实生活问题探究"聚焦一些有意义的真实生活问题，可能同时包含两类不同性质的活动。这些活动并非"完美"的范例，不适合也不可能照搬到每一个班级里，但它们体现了 STEM 活动的上述核心组织原则，这些原则应该体现在每一个 STEM 教室里。

第五章

好奇心引领儿童

科学问题探究

与其说科学是一种知识体系,不如说它是一种思维方式。

——《布鲁卡的脑》(Broca's Brain)

卡尔·萨根(Carl Sagan)

幼儿园 STEM 教育活动设计方法与实例

STEM 活动：鸡蛋星球

（5—6 岁）

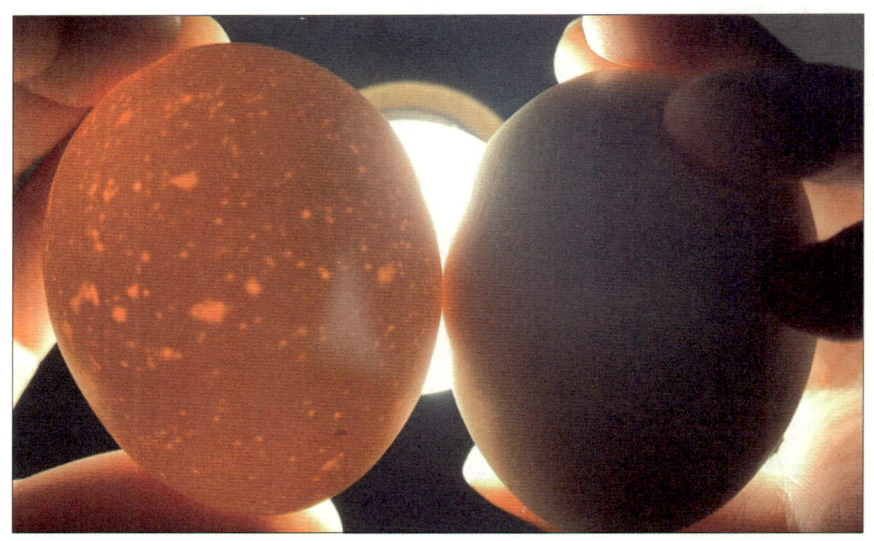

活动概述

　　这个活动是"新儿童 STEAM 博物馆方案 · 星球博物馆"中的一个活动。在活动之前，孩子们在资料中了解到，有一种卫星可以观测星球内部是否有液体水存在。为什么卫星可以"看到"星球"内部"的水呢？这颗卫星的观测原理到底是什么？幼儿们想了解其中的科学原理。于是，教师和幼儿一起进行了鸡蛋星球的实验。

　　这个活动表面上是为了了解卫星的工作原理，其实是探索物体内部的液体对物体运动方式与轨迹的影响。

STEM 标准

【科学与工程实践】

　　7-1　构建解释和设计解决方案：利用科学知识或证据对自己所观察到的情况做出解释。

　　4-1　计划并开展探究：在成人的引导下考虑问题的相关因素和无关因素。

【跨学科概念】

6-1 结构与功能：探索生活中各种物体或生物的结构和功能，发现结构和功能之间的关系。

【学科知识】

A. 固体结构的重心比较稳定，而液体结构的重心会产生变化。

B. 在同样的外力作用下，液体结构比固体结构更难运动或静止。

▶ 标准说明 ◀

在这个活动中，幼儿需要对鸡蛋的各种现象构建解释，根据实验结果对问题做出科学解释（科学与工程实践 7-1）。在实验过程中，幼儿需要判断某种方法是否能迁移到卫星观测上（科学与工程实践 4-1、学科知识）；幼儿必须了解生鸡蛋和熟鸡蛋结构的不同会带来什么功能性差异（跨学科概念 6-1）。

材料准备

本活动需要准备的材料如表 5-1 所示。

表 5-1 "鸡蛋星球"活动所需材料

材料	数量	备注
鸡蛋	每组 1 个熟鸡蛋、1 个生鸡蛋、教师自己准备 1 对	
纸巾、水	适量	供小组对比研究使用
抹布、清洁剂	1 份	清洁用
碗	1 个	放打开的鸡蛋
马克笔、手电筒	每组各 1 个	

▶ 材料说明 ◀

鸡蛋较容易被破坏，可能会出现不够用的情况，教师可准备备用的鸡蛋。使用后的鸡蛋只要没有被污染，就可以食用。

活动准备

教师事先将鸡蛋清洗干净，不能从外观上让幼儿看出哪些是熟鸡蛋，哪些是生鸡蛋。

教师事先做实验，观察熟鸡蛋和生鸡蛋旋转和停止时有哪些不同的表现。

活动过程1：提出问题

提出问题：科学家经常需要了解遥远的星球上是否有液体，但是，人类目前的探测器只能到达很少的星球，科学家必须通过其他方法来了解情况。教师准备了一些鸡蛋，这些鸡蛋有的是生的，有的是煮熟的。假设你是科学家，鸡蛋是星球，你能判断这个星球内部有没有液体吗？

▶ 活动说明 ◀

在说到"其他方法"时，教师可以请幼儿自由发挥，说说可以有什么办法。

在此处教师可以问幼儿为什么要用生鸡蛋和熟鸡蛋来当作星球，从而引向下一步"分析问题"。

活动过程2：分析问题

鸡蛋内部是什么样子的？什么样的鸡蛋内部有液体，什么样的鸡蛋内部没有液体？教师打开一个生鸡蛋和一个熟鸡蛋，让幼儿观察鸡蛋内部的状态，引导幼儿寻找区分生鸡蛋和熟鸡蛋的方法。

▶ 活动说明 ◀

观察生鸡蛋和熟鸡蛋不同的结构（如图5-1），是实验成立（用鸡蛋来思考星球含水问题）的基本条件，也有助于幼儿在后面判断生鸡蛋和熟鸡蛋的不同表现。

第五章 好奇心引领儿童

图 5-1　生鸡蛋和熟鸡蛋不同的结构

活动过程 3：探究和计划

（1）幼儿分组讨论，在讨论时可以观察、抚摸自己小组的鸡蛋，进行"头脑风暴"，提出推测鸡蛋生熟的方法。

（2）分享各组的想法。一起分析每种方法，在条件许可的情况下，可以测试其中一些方法 [不是指下面（3）的统一方法]。之后讨论哪些方法同样适用于观测星球内部是否有液体、哪些方法不可行以及为什么。

（3）验证经过讨论确定的统一方法：观察鸡蛋的旋转运动方式，判断鸡蛋内部是否有液体。

▶ 活动说明 ◀

幼儿可以想出很多不同的方法（如摇晃、用光照、称重、观察颜色、观察沉浮、闻味道等）来判断鸡蛋到底是生的还是熟的。这些方法用于判断鸡蛋的生熟可能有用，也可能没用，需要证实。例如：摇晃——因为感觉比较微妙，有些幼儿可以判断，有些幼儿不可以；观察颜色——除非有鸡蛋煮前煮后的对比，否则直接看一批鸡蛋的颜色很难判断出生熟差异；等等。有的方法可以用来判断鸡蛋的生熟，但不可以用在观测星球上，例如：光照——没有那么强大的光束能够穿透星球；闻味道——不适用于判断星球；等等。

当幼儿不断用手操作鸡蛋时，他们就会发现鸡蛋旋转时的表现有比较大的差异。这种方法是否可以用来观测星球呢？答案是可以，因为卫星可以观测星球的旋转运动方式。那么，究竟哪一种表现是生鸡蛋（内部含有液体）的表现呢？

活动过程 4：实验

（1）各组幼儿观察、比较两个鸡蛋的旋转情况和停止旋转的情况，分析鸡蛋内部是液体还是固体，陈述自己的理由。

（2）小组达成最后的意见，在认为是生鸡蛋（内部是液体）的鸡蛋上做标记。

（3）各组派代表上前介绍自己小组的结论，并展示和陈述证据。

▶ 活动说明 ◀

旋转鸡蛋有一定的技术难度，需要手指非常轻快但坚定地促进鸡蛋转动或者停止转动。如果动作力度太大，那么动作本身会对鸡蛋的旋转状态造成困扰（特别是让鸡蛋停住的时候）。这是一个需要耐心的过程，一开始幼儿会对旋转现象感到困惑并认为它没有规律，在多次练习或教师示范后，大家可以慢慢地发现规律：其中一个鸡蛋（含液体的生鸡蛋）总是更加难以转动，或者一旦转动就更加难以停下来，运动轨迹也有些混乱，例如，当用手指轻按以阻止运动时，鸡蛋会"抽搐"一般地抖动；而另一个鸡蛋（纯固体熟鸡蛋）更容易转动，也更容易停下。

之后幼儿要思考究竟哪一个是熟鸡蛋，哪一个是生鸡蛋。在小组讨论达成一致意见后，教师可以让他们上前陈述理由。此时的关键是他们能否结合鸡蛋的结构判断：如果鸡蛋内部有液体，在外力的作用下，内部的液体和固体不会保持一个速度运动，即难以和外力一致运动，那么鸡蛋就会很快停下来。

如果幼儿无法思考上面的原理，那么教师可以提供空的塑料瓶，一个装水，一个不装水，供幼儿观看液体对运动造成的影响，借以判断鸡蛋的情况。

活动过程 5：反思

（1）教师打开鸡蛋验证。

（2）教师介绍相关的学科知识和天文工作背景。

第五章 好奇心引领儿童

▶ 活动说明 ◀

经过小组陈述,教师打开鸡蛋验证,看哪一种鸡蛋是生的,由此来论证各小组的观点。

在结束后,教师总结学科知识,说明实验现象与原理,并介绍登陆火星的探测器洞察号(见图5-2),洞察号上有一个捕捉火星位置的仪器RISE[①],可以帮助记录火星旋转时的规律,以此判断火星内部是否有液体。

图5-2 美国国家航天航空局拍摄的2018年登陆火星的探测器洞察号

幼儿评估

对幼儿的评估如表5-2所示。

表5-2 对"鸡蛋星球"活动中的幼儿的评估

实践与概念	成功	改进
实践7-1 构建解释和设计解决方案:利用科学知识或证据对自己所观察到的情况做出解释。	能够针对各种测试中两个鸡蛋的不同表现,结合相关的科学知识与证据做出解释,即使解释未必正确。	从鸡蛋的表现直接得出结论,但不能提供推理的依据。

---

① "the Rotation and Interior Structure Experiment"的英文首字母缩写,中文意为"星球自转与内部结构实验仪"。

续表

实践与概念	成功	改进
实践4-1 计划并开展探究：在成人的引导下考虑问题的相关因素和无关因素。	针对头脑风暴活动中同伴提到的观测鸡蛋生熟的各种方法，判断其是否同样适用于观测星球，并说出相应的理由。	不能理解"适用于观测鸡蛋的方法不一定适用于观测星球"。
概念6-1 结构与功能：探索生活中各种物体或生物的结构和功能，发现结构和功能之间的关系。	能根据物体内部液体和固体的不同，推测相应的一系列结果。	很难思考物体内部的物质结构对物体的特征或运动方面的影响。

▶ 评估说明 ◀

以上三条标准都用于在探究和计划环节、实验环节评估。如果幼儿使用了空塑料瓶作为参考，并据此正确推测鸡蛋的情况，也可视为成功的表现。

（活动选自"新儿童STEAM博物馆方案·星球博物馆"）

第五章 好奇心引领儿童

STEM 活动：蚕宝宝的一生
（4—6 岁）

活动概述

蚕是幼儿园养殖活动中比较常见的动物。幼儿对蚕宝宝有很多疑问："蚕宝宝会咬人吗？""它会变成蝴蝶吗？""它吃什么？"这是一个培养幼儿科学观察能力的绝好机会，并且是一个可持续数周的科学观察活动。

STEM 标准

【科学与工程实践】

1-1 观察：运用各种感官了解事物的属性特征、变化和相互间的联系。

5-1 分析和解释数据：在成人的引导下使用图画、图表和符号组织数据。

【跨学科概念】

4-3 系统与模型：尝试用语言、图画或图表来表达对系统和模型的思考。

【学科知识】

A. 蚕是一种完全变态发育昆虫，一生会经历卵、幼虫、蛹、成虫 4 个发育阶段。

▶ 标准说明 ◀

在这个活动中,幼儿需要运用各种感官了解蚕宝宝的属性特征、变化和相互间的联系(科学与工程实践 1-1),用各种方法收集蚕生长发育的数据(科学与工程实践 5-1),最终了解完全变态发育昆虫的生命周期(跨学科概念 4-3)。

材料准备

本活动需要准备的材料如表 5-3 所示。

表 5-3 "蚕宝宝的一生"活动所需材料

材料	数量
纸	适量
纸箱	适量
日历	1 本
放大镜	若干
尺子	适量
笔	若干
桑叶	每天提供
关于蚕宝宝的图书	若干

▶ 材料说明 ◀

在饲养蚕宝宝的过程中,教师可以提供放大镜、尺子和其他材料来供幼儿更好地了解蚕宝宝的每个生长阶段。幼儿需要用放大镜和日历来对蚕的四个阶段做观察记录。蚕在每个阶段的体长都需要进行测量,幼儿会使用尺子来进行测量。幼儿还需要纸来记录蚕宝宝的一些相关情况。

活动过程1：发现和提出问题

教师将蚕宝宝带到教室里，告诉幼儿："蚕宝宝是我们的同伴，我们要一起来照顾蚕宝宝。"请大家说说自己知道蚕宝宝的哪些信息，还想了解蚕宝宝的哪些事情。

教师和幼儿一起记录和整理相关信息。

▶ 活动说明 ◀

科学观察从幼儿的好奇心开始。在这个环节，幼儿对蚕宝宝怀有天然的好奇心，教师可采用头脑风暴的方式，引导幼儿说出自己有关蚕的前期经验，和他们想探索与了解的内容，为后面的观察做一下预热。

教师用海报记录下幼儿的已知信息和想了解的问题，作为后期活动的向导和反思的依据。幼儿可以用图画装饰这张海报或将其作为插图，说明其中的相关条目。

活动过程2：探究

（1）照顾蚕宝宝。

幼儿把蚕宝宝放在大家一起制作的纸箱里，每天由值日生喂食桑叶，并且定时清理蚕宝宝的粪便（见图5-3）。

图 5-3　照顾蚕宝宝

（2）记录蚕宝宝成长变化的过程。

幼儿借助放大镜，按照每日、每周的时间表观察蚕宝宝的身体长度、颜色、形状、身体表面特征的变化（见图5-4）。

图 5-4　用放大镜观察蚕宝宝

▶ 活动说明 ◀

幼儿的观察和记录是本环节的重点。在这个过程中，幼儿使用多种感官观察蚕宝宝的变化。幼儿用到的方法有：拍照片、

图 5-5 测量蚕宝宝的长度

拍视频、画图、使用蚕宝宝观察记录表等方法。为了获得准确的信息，幼儿用树枝、垫子、笔和尺子来测量蚕宝宝每个阶段的长度变化（见图 5-5）。因为观察保证了连贯性和持续性，幼儿也对蚕宝宝各个发育阶段的里程碑（蚕卵、幼虫、蚕蛹、成虫）有了详细的记录，看到了一个从量变到质变的过程。这样循序渐进、细致入微地观察，像放大镜一样突出展示了生命的变化历程，唤起了幼儿对生命的惊奇感和敬畏感。

幼儿对蚕宝宝生长发育的过程进行有目的的、系统的、持久的观察，表现出了科学家般的观察素养。

活动过程 3：反思

图 5-6 蚕的生命周期

（1）教师根据幼儿的记录，每周带领大家反思蚕的成长与变化，分段总结以蚕为代表的完全变态发育昆虫的生命周期（见图 5-6）。

（2）在观察的过程中，教师可以根据幼儿的兴趣和疑问，随时组织个人、小组或集体反思活动。

▶ 活动说明 ◀

通过阶段性的反思，幼儿发现了蚕这样一种完全变态发育昆虫的生命周期——蚕卵孵化成幼虫，幼虫发育成蚕蛹，蚕蛹羽化成蚕蛾，蚕蛾产生新的蚕卵，蚕卵再孵化出幼虫这种循环往复的生命过程。

他们发现了这种昆虫的特殊成长过程，区别于其他生命体（如哺乳动物）。幼儿和家长一起查找了其他变态发育昆虫的资料，在班级里进行分享。

有的幼儿还提出了更加深刻的问题：为什么蚕要这样变化？这暗示了活动在未来可能的发展。这也说明，有效的科学观察会让幼儿的思维触角伸展到更高阶的科学问题上。

在反思过程中，幼儿对温度、食物、气温、环境污染、病虫害等影响蚕的生长发育的所有因素进行了交流。教师给幼儿提供了大量的图书和资料，为幼儿解决问题提供必要的支架。

幼儿评估

对幼儿的评估如表 5-4 所示。

表 5-4 对"蚕宝宝的一生"活动中的幼儿的评估

实践与概念	成功	改进
实践 1-1 观察：运用各种感官了解事物的属性特征、变化和相互间的联系。	能观察到蚕生长过程中的关键信息，能发现有价值的细节，把蚕当作"科学对象"而不仅仅是"宠物"来观察。	疏忽有说明性的关键信息和细节，只能注意到最明显的变化；或者更多地用对待宠物的视角来观察；或者对蚕完全不感兴趣。
实践 5-1 分析和解释数据：在成人的引导下使用图画、图表和符号组织数据。	能够拍照片、拍视频、画图、使用蚕宝宝观察记录表等多种方法来比较清楚地、系统地记录数据。	记录比较混乱，很难读懂，前后不一致。
概念 4-3 系统与模型：尝试用语言、图画或图表来表达对系统和模型的思考。	能够在长期的观察和数据对比中总结、呈现蚕的生命周期。	难以理解"生命周期"的概念，不能从变化发展的角度来理解蚕的一生。

▶ 评估说明 ◀

实践 1-1、实践 5-1：在探究的过程中进行持续观察，根据情况及时对发展相对落后的幼儿提供支持。概念 4-3：在反思过程中进行观察评估。

（执笔：广东省深圳市龙岗区坂田街道呈祥第一幼儿园　余萍）

STEM 活动：水果沉浮实验

（3—5 岁）

活动概述

沉浮是幼儿在生活中经常观察到的并且非常感兴趣的科学现象。在玩水时，幼儿经常拿各种物体进行沉浮的测试；在洗水果时，幼儿会试图把浮起来的水果摁到水下。虽然幼儿很难真正地理解沉浮现象中所包含的物理知识，但是他们可以通过观察来预测一个物体在水中是沉是浮，并通过实验来验证自己的预测是否正确。在这个过程中，幼儿能够学会分析一个问题的相关因素和无关因素，并跟着教师学习如何思考实验中的问题。

STEM 标准

【科学与工程实践】

1-2 观察：有目的地审视事物以获得有意义的信息和数据。

4-2 计划并开展探究：在成人的引导下讨论需要什么工具来收集数据、如何收集以及如何记录数据。

【跨学科概念】

2-2 原因与结果：根据一定的证据推测、分析可能的原因，区分相关因素和无关因素。

【学科知识】

物体的大小、轻重不是决定物体在水中沉浮的充分条件。

▶ 标准说明 ◀

在实验开始之前，幼儿需要通过对水果特征的观察来推断这个水果会沉还是会浮 [科学与工程实践 1-2（观察）]。在实验中，幼儿需要与教师讨论如何收集和记录数据 [科学与工程实践 4-2（计划并开展探究）]。幼儿要根据实验的结果推测，对照实验之前的假设，排除与沉浮现象无关的因素 [跨学科概念 2-2（原因与结果）]。如果幼儿对浮力的概念很感兴趣，那么教师可以进一步说明：当物体受到的浮力大于重力时，物体就会浮在水面上；相反，则会沉下去；相等，则会悬浮在水中。

材料准备

本活动需要准备的材料如表 5-5 所示。

表 5-5 "水果沉浮实验"活动所需材料

材料	数量	备注
水果	6~8 种	如木瓜、西瓜、苹果、香蕉、梨、百香果等，也可以请幼儿从家里各带一种水果
透明的容器	2 个	要比西瓜大，保证西瓜有上浮的空间
实验记录表	每人 1 份	
笔	每人 1 支	建议用铅笔，方便幼儿修改自己的记录

幼儿园 STEM 教育活动设计方法与实例

▶ 材料说明 ◀

教师在选取水果时尽量让种类丰富一些，并且最好能产生对比，如选择大小、轻重、形状差异较大的水果。这样幼儿通过实验可以知道，浮力与物体的重量、大小和形状没有关系，虽然西瓜比较大且比较重，但是它可以浮在水面上，苹果相对于西瓜比较小，但是会沉到水里。

活动准备

在准备容器时，教师也可以同时准备小、中、大不同体积的容器，然后让幼儿来判断需要多大的容器。

活动过程1：提出问题

教师讲述故事《咕咚来了》，提出水果沉浮的问题。

教师：小动物看到木瓜浮在水面上，才知道"咕咚"只是木瓜掉在水里的声音。老师有个问题，木瓜真的会浮在水面上吗？是不是所有的水果都会浮在水面上？

教师：大家有不同的看法。那么，水果在水里的沉浮状态到底与什么有关呢？

▶ 活动说明 ◀

在开展实验活动时，我们希望实验能够联系幼儿的实际生活经验。水果对于幼儿来说很熟悉，我们是否留意过哪些水果在水中会浮起来，哪些水果会沉下去呢？幼儿对这个问题充满兴趣。教师通过一个故事情境，向幼儿提出问题："木瓜真的会浮在水面上吗？是不是所有的水果都会浮在水面上？"

幼儿的认知水平与经验各有差异，一般来说，他们会针对具体的水果形成非常不同的看法。教师此时就可以根据幼儿的回答提出需要探讨的关键问题："水果在水里的沉浮状态到底与什么有关呢？"

活动过程2：分析问题

（1）请幼儿对水果的沉浮情况进行预测，并推测相关因素。待幼儿充分讨论后，帮助幼儿总结他们的预测，如"重的水果会沉到水里，轻的水果会浮在水面上"。如果幼儿还没有理解这种分类概念的水平，也可以记录具体的水果，如"西瓜会沉到水底，苹果会浮在水面上"。

（2）教师引导幼儿思考可以通过什么方法知道水果会沉下去还是会浮上来。

▶ 活动说明 ◀

幼儿对于水果的沉浮会有自己的观察与猜测，教师可以问幼儿："你认为哪些水果会沉，哪些水果会浮呢？""你为什么认为这个水果会沉下去，那个水果会浮上来呢？"在幼儿说出自己的原因后，教师可以用总结的方式来确认幼儿的想法，比如："所以，你认为大的水果会沉下去，小的水果会浮上来吗？"在对水果的沉浮进行了讨论后，教师可以问幼儿"我们可以通过什么方法来知道水果究竟是会浮在水面上，还是会沉到水里呢？"，进而引导幼儿用实验的方法来验证自己的猜想。有的幼儿可能听过"实验"一词，有的幼儿可能直接会说"放在水里试一试就知道了"，这说明幼儿能够找到解决的方法。

活动过程3：制订计划并进行实验

苹果沉浮实验

（1）教师引导幼儿制订实验计划，说说需要哪些材料和工具。

（2）教师请幼儿观察实验记录表（见表5-6），说说表中有什么，表应该怎么用。最后总结说明实验记录表的各部分内容。

（3）首先以苹果为实验对象，教师请幼儿在实验记录表上画一个苹果，然后在自己预测的栏目里做记号（勾选或者画圆圈），请幼儿说说自己预测的理由。

幼儿园 STEM 教育活动设计方法与实例

表 5-6　水果沉浮实验记录表

水果	预测		结果	
	沉	浮	沉	浮

（4）请幼儿记录实验结果，与之前的预测做比较。

其他水果的实验

（1）可以按照之前苹果的流程做实验。

（2）在幼儿进行预测后，教师可以让幼儿按照预测结果分成两组站到两边，通过目测，比较两组成员的数量。分组也比较便于幼儿交流预测的原因和实验的结果。

（3）在实验结果（数据）出来后，教师引导幼儿观察数据，如："西瓜虽然比较大、比较重，但还是可以浮在水里。跟大家之前想的不一样。这个说明什么？"然后教师引导幼儿尝试分析数据，最终得出"沉浮和水果的大小、轻重没有关系"的科学结论，并告诉幼儿可以通过实验来检验我们对事物的直觉和想法的真假。

（4）从实验结果引申出未来可以探究的问题，例如："沉浮到底跟什么有关呢？我们要继续观察和探讨这个问题。"

142

▶ 活动说明 ◀

在科学与工程实践中，制订计划并开展探究是十分重要的一环。这包括准备哪些实验工具，如何收集实验数据，以及如何记录数据。大部分幼儿倾向于直接动手，忽略了实验前的准备，以及在实验过程中要记录下当时的现象。教师可以通过提问，引导幼儿思考做实验需要准备什么工具，这些工具需要满足什么要求（比如容器的大小要能足够放下西瓜），从而帮助幼儿养成严谨的科学思维习惯。

在实验时，教师可以请多名幼儿操作，还可以尝试不同的投放苹果的方法，例如：正常放进去、轻轻放进去、贴着容器壁放进去、远远扔进去、按到水底，等等。这样既可以增加趣味，也可以让幼儿了解水果的沉浮不受投放方式的影响。

在进行其他水果沉浮实验时，教师可以设立对比组，例如：同时放下一个较大的水果（如西瓜）和一个较小的水果（如苹果），幼儿会发现水果的大小和沉浮没有必然的联系。

有的水果可能悬浮在水里面，可以当作浮起的那类。如果有的幼儿对此有异议，那么教师可以引导幼儿把所有水果分成三类：露出水面的，悬浮在水里的，沉到水底的。实验记录表中表示"浮"的图标，只展示了水果浮在水面上的情况，没有展示悬浮的情况，教师可以说明只要没有沉到水底，就可以算作浮。

如果幼儿有比较丰富的记录经验，那么教师可以让他们思考一下应该用什么方式来记录，而不是向其提供现成的记录表。

活动过程 4：反思与总结

（1）询问哪些幼儿赞同今天的实验结论，哪些幼儿还有疑问。请双方各自分享自己的想法。

（2）教师总结活动，围绕科学实验的过程和幼儿的言论来点评幼儿的表现。

教师：我们今天实验的过程是，当老师提出问题，你们思考观察，做出预测，然后做实验，最后根据结果来分析。在这个过程中，大家用眼睛仔细观察，用大脑认真思考，大家都是小小科学家。

幼儿园 STEM 教育活动设计方法与实例

▶ 活动说明 ◀

在这个环节中，幼儿通过阅读自己的记录表，回顾刚才的实验过程，从而总结出哪些水果沉到水底，哪些水果浮在水中。教师要鼓励幼儿尝试说出是哪些特点导致水果在水中的沉与浮，进而引导幼儿发现有些直观的认识不一定是正确的，水果的重量和大小不是决定沉浮的重要条件。教师和幼儿一起回顾科学实验的过程：首先提出问题，接着进行猜想与假设，然后制订计划与设计实验，接下来进行实验与收集数据，通过实验结果进行分析与论证，最后对实验进行评估与反思。

幼儿评估

对幼儿的评估如表 5-7 所示。

表 5-7 对"水果的沉浮实验"活动中的幼儿的评估

实践与概念	成功	改进
实践 1-2 观察：有目的地审视事物以获得有意义的信息和数据。	能够将沉浮的原因与水果的特征联系起来，如"西瓜很大，所以会沉下去"。能说出决定水果浮沉的其他可能因素，如在实验中提出："可能是水多导致水果浮起来""可能是因为投放方式造成沉浮"。	将沉浮的原因与水果的不相关特征（如花纹，颜色等）相联系。
实践 4-2 计划并开展探究：在成人的引导下讨论需要什么工具来收集数据、如何收集以及如何记录数据。	能够提出关于实验应该准备哪些工具，需要多大的容器来装水的合理建议。能够通过记录表记录自己的观察结果。	不能清楚地说出进行实验需要做出哪些准备。不能清晰地记录数据。
概念 2-2 原因与结果：根据一定的证据推测、分析可能的原因，区分相关因素和无关因素。	能够根据实验结果推测出物体的沉浮与其大小和重量没有必然的关系。	在判断物体的沉浮时，仍会受到重量、大小等无关因素的困扰。

▶ 评估说明 ◀

三项评估的内容贯穿于活动的始终,为了便于教师更清晰地评估,可以在以下环节对特定的内容进行观察、记录。

实践 1-2:主要通过幼儿的回答来判断——幼儿是否能够用语言形容水果的特征,并且根据这些特征与物体的沉浮相联系,并进行合理的预测。实践 4-2:通过幼儿在制订计划环节的表现来判断。概念 2-2:通过反思与总结环节来判断,根据幼儿的回答判断幼儿是否理解物体的沉浮与物体的大小和重量没有必然的联系。

（执笔:新学友乐学教育　叶婉红）

STEM 活动:会变化的月亮
（4—6 岁）

活动概述

当幼儿在晚上仰望星空时,会看到天空中悬挂的月亮,月亮有时是弯弯的,有时又是圆圆的，总是变来变去。那么月亮到底有多少种样子呢？让幼儿认识月相的变化，符合幼儿对天空进行探究的兴趣。

在这个活动中，幼儿需要用奥利奥饼干，制作出符合一定要求的月相模型，他们将会像一名科学家一样，尽可能精准地还原月相的样子，并且能够按照月亮变化的规律将月相排序。

这是一个聚焦于获取科学信息并创作模型的科学探究活动。

STEM 标准

【科学与工程实践】

1-2 观察：有目的地审视事物以获得有意义的信息和数据。

3-1 表征和创建模型：创建图示、图表或简单的实物模型来表示或解释一些现象或设计。

【跨学科概念】

3-1 尺寸、比例和数量：通过周围的世界和自己的生活来理解各种量的变化。

【学科知识】

A. 月相是按照一定的规律变化的，变化的顺序是新月、蛾眉月、上弦月、盈凸月、满月、亏凸月、下弦月、残月。

▶ 标准说明 ◀

幼儿通过观察月相图卡来了解每个阶段月亮的特点，知道月亮是按照一定的规律变化的（实践1-2）。幼儿通过奥利奥饼干制作出简单的月相模型，用以解释月相的变化规律（实践3-1）。幼儿通过周围的世界来理解月亮光亮部分的量的变化（概念3-1）。

材料准备

本活动需要准备的材料如表5-8所示。

第五章　好奇心引领儿童

表 5-8 "会变化的月亮"活动所需材料

材料	数量	备注
月相图卡	8 张	月相的实景照片
奥利奥饼干	幼儿数×8	每名幼儿制作 8 种月相模型
大盘子	幼儿组数×1	塑料盘或者不锈钢材质的盘子都可以，用来盛放奥利奥饼干
小盘子	幼儿数×1	塑料盘或者不锈钢材质的盘子都可以，用来盛放奥利奥饼干
小勺子	幼儿数×1	可以用来挖奥利奥的奶油夹心
白板或黑板	1 块	
磁力贴	8 个	

▶ 材料说明 ◀

教师可以把月相图卡投放在电子屏幕上，方便幼儿观察；也可以打印一些图片，让幼儿可以自己操作。

活动准备

在模型的制作上，教师和幼儿可以发挥各种创意。奥利奥是孩子们喜欢的食品，教师可以准备白色奶油夹心奥利奥饼干来制作模型，也可以选择其他方式（如绘画、剪纸等方式）来制作模型。

活动过程1：提出问题

（1）教师提问，引发幼儿讨论月亮的形状。

教师：月亮是什么样子的？

教师：为什么有的小朋友说月亮是圆的，有的小朋友说月亮是弯弯的？月亮到底有多少种样子呢？

幼儿园 STEM 教育活动设计方法与实例

▶ 活动说明 ◀

幼儿一定观察过月亮的形状，但是不一定注意过月亮的形状是有规律地变化的。在不同的日子，月亮的形状也会有变化。大家通过讨论自然而然地引发出一个问题：月亮到底有多少种样子呢？

活动过程 2：分析问题

（1）教师提出问题"月亮是怎么变化的呢？"，然后取出准备好的 8 张月相图卡（如图 5-7），按照月相变化的顺序依次在白板上出示，请幼儿观察每个阶段的特点，然后和同伴交流。教师最后根据大家的讨论来做总结。

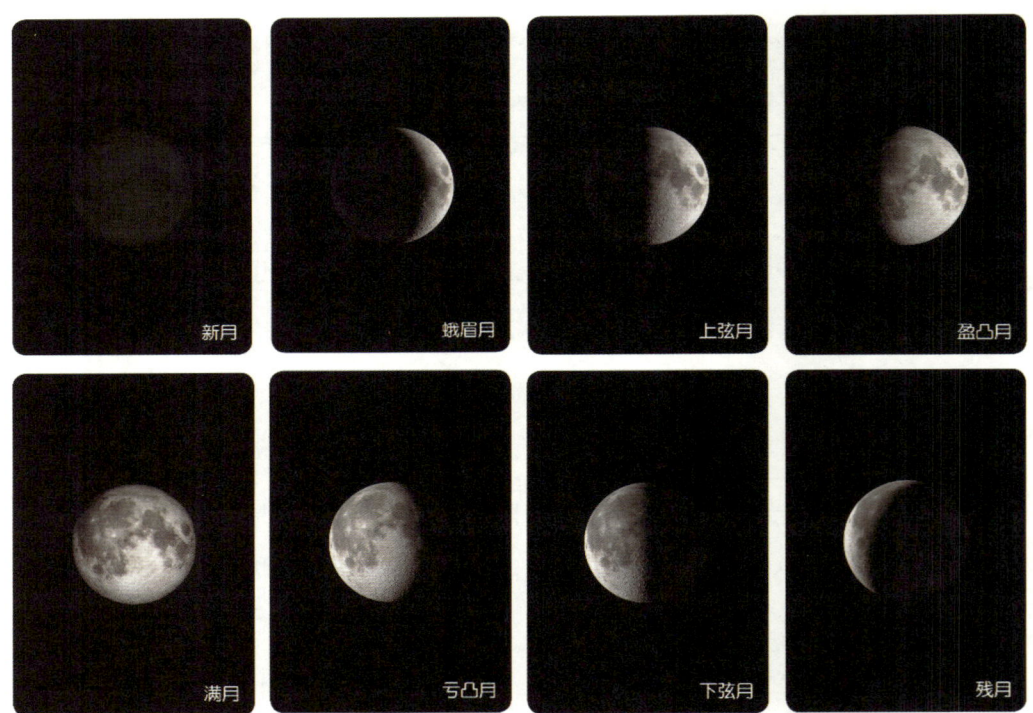

图 5-7　月相图卡

教师：月亮有一张会变化的脸。在新月时，你什么都看不到；月亮慢慢地长出一个弯弯的月牙，叫作蛾眉月；接着，变成了一个半圆，叫作上弦月；现在，月亮越长越胖（盈凸月）；当月亮最大最圆的时候，就叫满月；接下来瘦了一点，叫作亏凸月；慢慢地，月亮又变成了一个半圆，现在叫作下弦月；当月亮快要瘦得看不到的时候为残月。

（2）教师请幼儿再次观察月相图卡，按照顺序说一说月亮的变化，并且说出每种月相的名字。

▶ 活动说明 ◀

这个环节对于幼儿完整地认识月相的变化很重要。教师先向幼儿出示月相图卡，可以通过提问引导幼儿注意月相的不同特点。教师可以问幼儿注意到了什么、蛾眉月和上弦月有什么不同。教师也可以给每名幼儿准备一套月相图卡，让幼儿自己按照顺序摆一摆月相的变化。除了月相图卡，教师也可以让幼儿观看月相变化的视频，动态地了解月亮的变化。在幼儿对月亮的不同月相进行观察时，教师可以提示幼儿注意光亮部分的大小变化，发现月亮的形状是按少—多—少的顺序变化的。

活动过程 3：探究和创造

教师将幼儿分组，5~6人一组。每组幼儿共用一张桌子，在每张桌子中间摆放一个大盘子，在大盘子中放一定数量的奥利奥饼干。每名幼儿有一个小盘子和一个勺子。教师示范利用奥利奥饼干制作月相模型的方法：

①扭一扭奥利奥饼干，使得奶油与饼干更容易分开；

②在用饼干制作满月的月相模型时，用勺子将奶油涂满整个饼干的表面；

③在制作新月的月相模型时，用勺子将饼干上的奶油刮掉；

④参照月相图卡制作其他的月相模型；

⑤将制作好的饼干月相模型，按照月相图卡呈现的顺序在小盘子中排列好（如图5-8）。

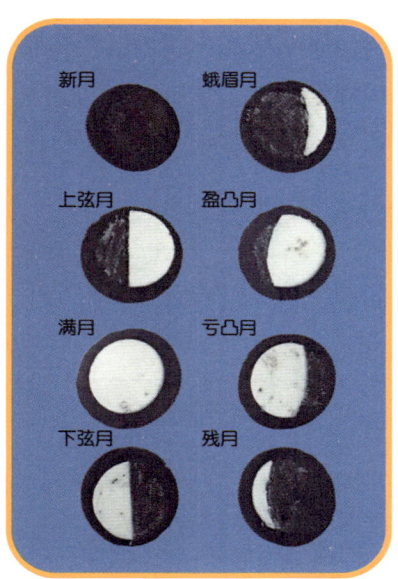

图 5-8　奥利奥饼干月相模型

▶ 活动说明 ◀

用奥利奥饼干来制作月相模型充满创意。让幼儿动手操作，可以加深幼儿对不同月相的印象。教师要让幼儿在制作前先洗手，并且把桌面擦拭干净，确保干净卫生。教师可以将月相图卡留在黑板或白板上，幼儿可以对照着来用奥利奥饼干制作月相模型。对于幼儿做出的奥利奥月相模型，教师不必要求精确，但是要能够区分出是哪种月相。对于新月和满月的月相模型的制作，幼儿应该比较容易完成，蛾眉月、弦月和凸月的月相模型的制作对于幼儿来说可能会有困难，教师可以鼓励幼儿先在组内互相帮助，实在有困难再提供帮助。

活动过程 4：反思

教师请幼儿分享自己制作的奥利奥月相模型。幼儿可以从盘子中拿出制作好的饼干月相模型向其他幼儿介绍，分别说一说每个饼干代表的是什么月相。最后大家一起吃掉奥利奥饼干。

▶ 活动说明 ◀

让幼儿互相分享，这既可以锻炼幼儿的语言表达能力，增强幼儿表达的信心，也可以让幼儿借此机会反思自己制作奥利奥饼干月相模型的过程，并且有可能得到同伴的反馈。教师也可以让幼儿把月相图画下来，在家里和爸爸妈妈分享。

幼儿评估

对幼儿的评估如表 5-9 所示。

表 5-9 对"会变化的月亮"活动中的幼儿的评估

实践与概念	成功	改进
实践 1-2 观察：有目的地审视事物以获得有意义的信息和数据。	能够通过观察月相图卡描述月亮各个阶段的变化特点，并且能够根据图卡判断月相。	不能够通过图卡来描述月相的特征。

第五章　好奇心引领儿童

续表

实践与概念	成功	改进
实践3-1　表征和创建模型：创建图示、图表或简单的实物模型来表示或解释一些现象或设计。	能够制作奥利奥饼干月相模型，并用来解释月相的变化。	不清楚如何根据月相图卡来制作奥利奥饼干月相模型。
概念3-1　尺寸、比例和数量：通过周围的世界和自己的生活来理解各种量的变化。	能够理解月亮明亮部分的量的变化，发现月亮的亮面按少—多—少的顺序变化，可以通过量的变化推断出月相的顺序。	不理解月亮变化的规律。

▶ 评估说明 ◀

三项评估的内容贯穿活动的始终，为了便于教师更清晰地评估，教师可以在以下环节对特定的内容进行观察、记录。

实践1-2：主要通过幼儿的回答来判断，幼儿是否能够通过对月相图卡的观察说出月亮的特点，以及通过图卡判断出月相。实践3-1：幼儿能否根据奥利奥饼干月相模型来解释月相的变化。概念3-1：幼儿能否通过量的变化排列出月相的顺序。

（执笔：新学友乐学教育　叶婉红）

STEM 活动：我们的树朋友

（5—6岁）

活动概述

幼儿喜欢亲近自然，对植物的生长充满好奇。在本活动中，幼儿和教师对选定的树木将进行持续 4 个月的观察，一同使用记录工具将偶发、零散的随意观察转化为持续、系统的树木生长的发现之旅。

STEM 标准

【科学与工程实践】

1-1 观察：运用各种感官了解事物的属性特征、变化和相互间的联系。

9-2 获取和交流信息：使用科学语言、图画或图表来交流自己对科学和工程的想法。

【跨学科概念】

4-1 系统与模型：理解万事万物不是孤立存在的，而是相互作用、相互依赖的。

第五章　好奇心引领儿童

【学科知识】

  A. 树木有常绿树和落叶树。

  B. 树由树叶、树干、树枝、树根等多个部分组成。

▶ 标准说明 ◀

  幼儿分组选定一棵树,在较长的时间段内观察树的各种生长变化(科学与工程实践 1-1;学科知识)。幼儿使用绘画的方式进行记录,克服对于颜色、画面的主观喜好,理性地比较、分析、记录树木的真实情况,达到忠实地记录树木生长变化的目的(科学与工程实践 9-2)。幼儿还结合同伴的记录,进行分析和比较,发现树的系统和生态系统的普遍性知识(跨学科概念 4-1;学科知识)。

材料准备

  本活动需要准备的材料如表 5-10 所示。

表 5-10　"我们的树朋友"活动所需材料

材料	数量	备注
讨论需要的材料		
有关树的科普图书	若干本	
材料台中提供的材料		
儿童画板	幼儿数×1	常见的 8 开折叠画板,参考尺寸:宽 35cm,高 45cm
24 色彩色铅笔	幼儿数×1	常见的彩色铅笔
手动旋转削笔器	小组数×1	常见的削笔器(内置刀片,无安全隐患)
绘画橡皮	幼儿数×1	常见的绘画橡皮参考尺寸:宽 2.5cm,高 6cm
记录表	幼儿数×1	可参考活动附件

153

续表

材料	数量	备注
放大镜	若干	
相机	1部	可连接班级教室里的屏幕，以便及时投屏分享

▶ 材料说明 ◀

本活动中使用 24 色彩色铅笔而不是水彩笔，是因为彩色铅笔便于幼儿涂改且色彩丰富，有助于幼儿表现不同时期树木的树干、树叶、花、果实的生长变化，建议使用编排型盒装彩色铅笔，便于放置在折叠画板内。

活动准备

幼儿在前期选择将一棵树作为"树朋友"，与选择同一棵树的同伴组成一个小组，与爸爸妈妈一同了解树木的名字等信息，利用美工区时间与小组成员共同完成每种树木介绍牌的制作，为在记录表上书写树木名字做好准备。

幼儿拥有使用记录表格的经验。

活动过程1：发现和提出问题

（1）带幼儿来到幼儿园户外观察树木。

（2）提出问题："你的树朋友是谁？它长什么样子？"

（3）引发思考："我们的树朋友的样子会变吗？"

（4）讨论："如何才能知道我们的树朋友到底是怎么变的呢？"

▶ 活动说明 ◀

幼儿在活动中对树朋友此时此刻的样子进行直观的观察并用语言描述，如"绿色的""长叶子"等。教师引导幼儿展开关于"树木是否发生变化""树木如何变化"的讨论，尽可能地激发幼儿对树的各种认知与联想，为后期活动预热。

第五章 好奇心引领儿童

活动过程 2：探究

（1）幼儿定期观察树木，每次根据情况拍摄照片、收藏标本，并绘制树木科学图画（见图 5-9）。

（2）引导幼儿连续比较每次的各种记录（照片、标本、影像和树木科学绘画），看看树木发生了哪些变化。

（3）比较自己的小组和其他小组的树木观察，从中得出与树木相关的想法和结论。

（4）针对观察和讨论中发现的问题，寻找资料来获取更多的信息。

图 5-9　幼儿定期观察树木并记录

▶ 活动说明 ◀

探究的首要注意点是树木的整体形态和其在这几个月内的显著变化。通过观察和阅读科普资料，幼儿对树的各个组成部分有了更深入的认识。有了持续的记录，幼儿头脑中比较模糊的季节特征，这次变得更加鲜明。例如：幼儿对玉兰树的图画记录清楚地展现了玉兰树在春季的特殊生长规律（先开花后长树叶）（见图 5-10）。

在活动中，幼儿除了观察树木整体，也会通过多种感官观察树干、树叶、花朵等各种细节，可以形成大量的观察记录。这个过程中会生发很多随机的科学活动，使得整个过程充满惊喜和趣味。例如：幼儿会观察到

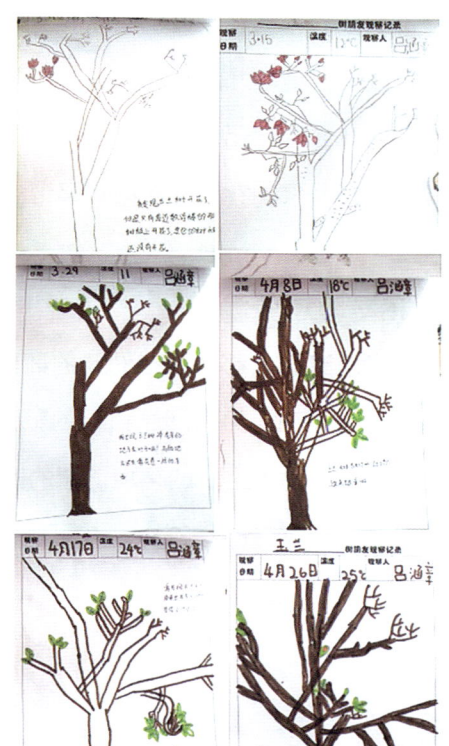

图 5-10　玉兰树观察记录

树木上的各种小虫子、花朵和树叶的细节，收集花瓣来制作手工作品。

幼儿还发现了值得深入探讨的科学问题。例如：记录玉兰树的小朋友发现，背阳面的花朵先开了，但是向阳面的树叶先长出来。为什么背阳的花朵会先开呢？经过幼儿、家长和教师的共同努力、查阅资料、实地考察，最后大家认为除了阳光外，气温也是影响生长的一个因素。虽然背阳面的阳光比较少，但是玉兰花在冬季已经盛开，背阳的那些树枝的位置正好避开了风口，反而比向阳但是面向风口的花开得更早。虽然这个回答还没有得到完全严谨的验证，但是这个过程充分地体现出了观察和记录的价值，为幼儿深入发现问题创造了条件。

另外，在这个过程中，为便于长时间的比较，幼儿需要形成归档的意识，按照顺序把记录材料收藏到文件夹里。

活动过程 3：反思

在最后一周将幼儿的观察记录表张贴在固定的位置，在记录墙上呈现所有观察记录成果，请幼儿浏览和反思。

幼儿分享自己的发现，教师引导幼儿讨论树木的种类和构成，以及影响树木生长变化的因素，针对本次的观察记录，形成最终的结论。

▶ 活动说明 ◀

当所有记录都呈现在幼儿的面前时，大量的交叉经验为幼儿带来了新的刺激。孩子们可以在小组内回顾自己的记录过程，通过对照不同树种的观察结果，从而了解幼儿园里树木生长的环境、树的基本结构以及不同树种（如常绿树种和落叶树种）的差异。根据这些结论，幼儿可以通过对校园外、生活中的树种的观察，不断丰富对树种的认识。

幼儿评估

对幼儿的评估如表 5-11 所示。

第五章　好奇心引领儿童

表 5-11　对"我们的树朋友"活动中的幼儿的评估

实践与概念	成功	改进
实践 1-1　观察：运用各种感官了解事物的属性特征、变化和相互间的联系。	通过视觉、触觉、嗅觉等多种感官发现与树有关的各种特点，并能联系过去的记录发现变化。	只能泛泛地看到树的大体模样，缺乏对细节的观察，对树在一个较长周期内的变化缺乏敏感性。
实践 9-2　获取和交流信息：使用科学语言、图画或图表来交流自己对科学和工程的想法。	能忠实地记录自己的观察结果，并乐于花时间记录特别的细节，如树皮的纹理、花朵的结构、树叶的脉络等。	其记录很难体现自己观察的树种的特点，看起来和其他的树种记录没有差异。
概念 4-1　系统与模型：理解万事万物不是孤立存在的，而是相互作用、相互依赖的。	通过观察和对比，认识到不同的树种虽然各有特点，但都有基本的结构；认识到树的生长需要多种条件互相配合，环境和树的自身因素会影响树的生长发育。	难以注意到不同树种之间的共同点；难以注意到树和环境之间的各种联系。

▶ 评估说明 ◀

　　实践 1-1：贯穿整个观察过程，教师可以在不同的阶段至少选择两个时间点来针对不同的幼儿进行重点观察，评估幼儿的观察能力，适时提供引导。实践 9-2：对幼儿记录进行持续考察，幼儿在初期的记录水平可能比较一般，教师可以有针对性地提出具体的、局部的改进意见，慢慢地提高幼儿的记录水平。概念 4-1：幼儿在后期已经积累了丰富的经验，通过比较和联系，评估幼儿是否能够超越自己的观察对象，在更多的同类对象之间发现共性。

（执笔：北京市第五幼儿园　李凡非）

第六章

梦想和游戏大师

工程问题探究

人们驾驶船只漂洋过海,如履平地,如同列子乘风而行的传说成为现实。创造车船的这些工程师,就像神仙一样神奇。

——《天工开物·舟车》(意译)
〔明〕博物学家宋应星

STEM 活动：听诊器

（4—6 岁）

活动概述

听诊器是幼儿比较熟悉的医疗工具。除了医疗，听诊器其实是个声音放大器，可以有很多有趣的用途，例如：孩子们可以用听诊器来放大各种微小的声音；聆听树的"脉搏"，聆听草丛、土壤里的声音；等等。可以说听诊器是个好玩的"玩具"。让幼儿制作听诊器，可以让幼儿了解工程师是如何利用科学原理来设计有用的工程产品的。（读者可扫描左边的二维码观看活动视频。）

STEM 标准

【科学与工程实践】

7-2 构建解释和设计解决方案：利用提供的工具和材料，提出解决问题的具体方案。

【跨学科概念】

6-1 结构与功能：探索生活中各种物体或生物的结构和功能，发现结构和功能之间的关系。

【工程设计】

4-1 材料和工具：材料的特性影响到其功能和完成任务的效果。

【学科知识】

A. 声音产生的空气震动在狭窄的管道中引发了更大的震动，听到的声音就被放大了。

▶ 标准说明 ◀

在本活动中，幼儿了解听诊器的结构与功能（跨学科概念6-1），然后根据教师提供的丰富的材料提出自己的听诊器设计方案（科学与工程实践7-2），而要成功制作出能够听到心跳的听诊器，幼儿需要精心选择材料，并能做好封闭衔接（工程设计4-1）。当然，活动的前提是幼儿对听诊器的原理有了一定的了解（学科知识）。

材料准备

本活动需要准备的材料如表6-1所示。

表6-1 "听诊器"活动所需材料

材料	数量	备注
医用听诊器	1个	如没有，可搜索听诊器和医生使用听诊器的图片
教师自制听诊器	1个	教师提前自制，调整效果
大小不同的漏斗	根据小组的需求配置	塑料实验漏斗或漏洞形状的物品
气球		可选2种尺寸，教师事先测试
各种管子		塑料软管、长纸管、纸筒芯等均可
纸胶带		电工胶带更牢固

▶ 材料说明 ◀

根据幼儿的能力，为幼儿提供多种材料（如图 6-1），有助于让幼儿思考材料、结构与功能之间的关系，方便教师了解幼儿的偏好与认知水平，让幼儿得以呈现比较丰富的制作成果，彰显幼儿的创意与个性。

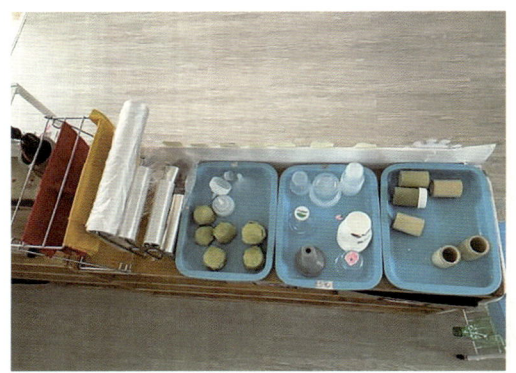 

图 6-1　幼儿园为幼儿提供的听诊器制作材料

活动准备

在制作听诊器之前，幼儿参与过与上述学科知识相关的科学活动，如用不同硬度的管子和漏斗状物品来传播和放大声音，让幼儿理解声音会受到传播路径的影响。

教师事先要用准备的材料制作听诊器，看看在哪些情况下会达到比较好的效果，哪些材料会没有效果。这个测试可以帮助教师选择提供的材料，并调整幼儿面临的挑战的难度。如果教师事先不测试，就很可能造成幼儿的产品没有一个真正成功。

活动过程1：提出需求

（1）教师出示医用听诊器，问幼儿是否见过。讨论医生如何使用听诊器。请幼儿使用听诊器听听自己的心跳。

（2）教师提出问题：为了更好地研究心脏，我们能不能自制听诊器？

▶ 活动说明 ◀

本需求和正在进行的项目"人体博物馆"有关，教师也可以从声音或听诊器本身的角度找到需求的出发点，如制作听诊器给大自然"听诊"。

活动过程2：分析需求

（1）讨论听诊器的结构和用途（如图6-2）。教师可拆解听诊器给幼儿观看。

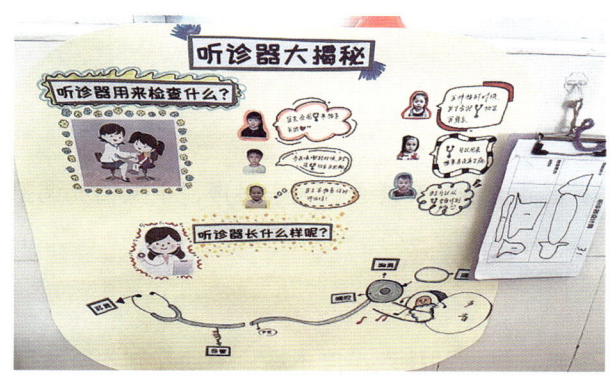

图6-2　记录幼儿的讨论和拆解过程的主题海报

（2）确定听诊器的基本结构。

▶ 活动说明 ◀

在幼儿设计实用类的工程产品时，教师最好能提供现实生活中的范例，丰富幼儿的经验，但不要提供一一类比的材料，这样容易使幼儿机械地模仿，使幼儿的思考受到局限。

活动过程3：探究和计划

（1）教师出示自制听诊器，请幼儿分析这个听诊器的结构，说说自制听诊器与医用听诊器的结构是否一致。

（2）幼儿选择自己小组的制作材料，在小组内讨论怎么制作听诊器。

▶ 活动说明 ◀

此活动适合中班及以上儿童。

中班：建议由教师带领幼儿观察结构和功能。

大班：教师可以引导幼儿自主拆解，自主分析结构与功能，之后再组织集体汇报。

教师自制听诊器样品是为了降低医用听诊器给幼儿带来的专业门槛，避免让幼儿产生自己无能为力的消极印象。建议教师为幼儿提供不同的自制听诊器材料，防止幼儿复制教师的作品。

活动过程4：创造、测试和改进

幼儿分组制作听诊器。测试其能否放大心跳声，根据情况调整自制的听诊器。

▶ 活动说明 ◀

听诊器结构不复杂，制作的技术难度不高，但幼儿制作听诊器的过程并不容易，因为如果材料不合适，或者衔接不紧密，都会造成听诊器的效果不理想，甚至没有效果。教师要鼓励幼儿比较不同的方案，更换材料，反复测试，帮助绝大部分幼儿在试错、改进后达到比较满意的效果。在这个过程中，教师需要组织幼儿互相帮助和借鉴，支持幼儿深入地思考问题，防止幼儿因为多次失败而沮丧放弃。活动不必一次性成功，幼儿可以在集体和区域活动中多次尝试。

活动过程5：反思

（1）举办听诊器展览，幼儿可以比较不同的听诊器的效果，讨论效果不同的可能原因。

（2）使用听诊器测试自己的心跳（1分钟或20秒，根据幼儿的数数能力确定）。

▶ 活动说明 ◀

在反思听诊器的效果时，幼儿可以结合声音传播原理，对照听诊器的结构与功能，分析不同材料的属性，以及材料的衔接方式带来的影响。

幼儿评估

对幼儿的评估如表 6-2 所示。

表 6-2 对"听诊器"活动中的幼儿的评估

实践、概念与工程	成功	改进
实践 7-2 构建解释和设计解决方案：利用提供的工具和材料，提出解决问题的具体方案。	能在小组内提出使用哪些材料、如何制作听诊器或者对他人的想法有补充和修正。	对于如何制作听诊器没有自己的想法。
概念 6-1 结构与功能：探索生活中各种物体或生物的结构和功能，发现结构和功能之间的关系。	能对医用听诊器和教师自制听诊器的结构与功能提出自己的想法，并阐述一定的理由。	对医用听诊器和教师自制听诊器的结构与功能的想法很少。
工程 4-1 材料和工具：材料的特性影响到其功能和完成任务的效果。	在比较不同的听诊器效果时，能根据材料的特性或制作工艺来讨论效果。	不能根据材料的特性或制作工艺来讨论各小组听诊器的效果。

▶ 评估说明 ◀

实践 7-2：在计划环节评估，也可以在测试与改进阶段增加评估。概念 6-1：在观察和比较医用听诊器、教师自制听诊器时评估。工程 4-1：主要在测试、改进与反思阶段评估。

（活动选自"新儿童 STEAM 博物馆方案·人体博物馆"，本案例中的图片由福建省晋江市第八实验幼儿园林萍萍和黄禄萍两位老师提供）

STEM 活动：看得见的时间——沙漏

（5—6 岁）

活动概述

时间是个抽象的概念，对大班幼儿来说，他们逐渐渴望了解时间、掌握时间。沙漏是幼儿感兴趣的一种工具。这个活动利用幼儿对时间的感知，通过制作沙漏来培养幼儿的工程思维，也让他们从具体的、可操作的角度认识测量时间的方法。

STEM 标准

【科学与工程实践】

3-1　表征和创建模型：创建图示、图表或简单的实物模型来表示或解释一些现象或设计。

【跨学科概念】

3-4 尺寸、比例和数量：通过估算来理解和解决问题。

【工程设计】

4-1 材料和工具：材料的特性影响到其功能和完成任务的效果。

▶ 标准说明 ◀

在这个活动中，幼儿需要选择合适的工具，成功地制作出能够计时的沙漏（科学与工程实践 3-1）。为了做到这一点，幼儿需要通过估算来调整沙漏的材料，以求计时尽量精确（跨学科概念 3-4）。幼儿也会发现，不同的材料达到的效果有较大的差异（工程设计 4-1）。

材料准备

本活动需要准备的材料如表 6-3 所示。

表 6-3 "看得见的时间：沙漏"活动所需材料

材料	数量
外形相同的透明瓶子	每人至少 2 个
漏斗、剪刀	每人各 1 个（把）
小米、沙子、绿豆	每组 1 份
双面胶、胶带、胶水	每组 1 份
低结构材料（如毛球、黏土、毛根、纸片）、各种沙漏	每组 1 份
一分钟计时器	每组 1 个，或者教师用手机计时器来支持每个有需要的幼儿

▶ 材料说明 ◀

小米、沙子和绿豆让幼儿可以充分体验将不同的材料用于解决计时问题的差异，教师也可以提供其他合适的材料来挑战幼儿。如果幼儿的水平较高，那么教师也可以提供不同的瓶子供幼儿选择，这样瓶子和里面的材料会产生一个新的搭配问题。粘贴工具和低结构材料都是辅助材料。

活动准备

教师可提前安排一些一分钟体验活动，如闭眼走一分钟、跳一分钟、唱一分钟、转圈一分钟、舔一分钟棒棒糖等，让幼儿体验不同情境下的一分钟时长。

活动过程1：提出需求

（1）教师提出，大家最近开展了不少一分钟活动，请幼儿说说在不同的活动中对一分钟的感受有什么不同。

（2）既然大家对一分钟的感受有如此大的差异，那么我们用什么办法来知道一分钟到底有多长呢？幼儿自由讨论。

（3）教师拿出一个一分钟沙漏，请幼儿用钟表来测量这个沙漏的运行时长。

（4）提出需求：如果我们每个人都有一个沙漏，那么每个人就都可以给自己的一分钟体验活动来计时。

▶ 活动说明 ◀

幼儿可能会提出很多种计时的方法，教师可以和大家一起一一分析其可行性和准确性。

活动过程2：分析需求

（1）观察各种各样的沙漏，请大家说说：沙漏是怎么使用的？沙漏为什么能计时？要做一个一分钟沙漏，必须注意什么？如果要把这个沙漏改成2分钟沙漏，应该怎么做？

（2）请幼儿在小组内确认沙漏的制作方法。

▶ 活动说明 ◀

　　沙漏的结构一目了然，但并非每个幼儿都能说出其计时原理，如沙子的多少和中间通道的大小决定了沙子漏完的时间。教师可以鼓励尽可能多的幼儿通过仔细地观察结构，发现沙漏的奥秘。沙漏里的沙子和内壁都必须干燥，否则沙子容易粘在内壁上，这可能也是让幼儿觉得制作过程麻烦的一个地方，但在这时不必涉及。

活动过程 3：探究和创造

　　（1）让幼儿分小组决定自己选择的材料。

　　（2）请幼儿说说为什么要选择这些材料，在小组中讨论这些材料够不够，还需要什么材料。

　　（3）制作沙漏。

▶ 活动说明 ◀

　　制作沙漏的困难主要有以下几点：①想办法衔接两个瓶口；②在瓶口太大的情况下，尝试找出控制时间的方法（一个是使用很多填充材料，一个是设法把瓶口变小）。教师要注意引导每个小组选择自己的途径来尝试，并鼓励幼儿针对自己的方法展开有意义的讨论。幼儿可能会想出很多把瓶口变小的方法，如将黏土穿洞、剪些有洞的纸片并将其粘贴在漏口交界处，控制流速等（如图 6-3）。这些方法未必理想，但是可以表现出幼儿大胆假设解决问题的能力，教师应从正面予以鼓励。另

图 6-3　幼儿制作沙漏

外，这些制作过程要求较强的小肌肉运动能力，所以教师可以对幼儿适当施以援手，帮助幼儿尽量达成自己的想法。

活动过程 4：测试和改进

（1）在幼儿基本完成第一轮工作后，使用钟表来测试大家的沙漏。请大家介绍自己的沙漏在运行时长上的差距，思考改进的方法。

（2）分别选择运行时长差距比较大和比较小的几个沙漏，集体讨论为什么会这样、可以怎样改进。

（3）尝试改进这几个沙漏，再次进行测试。

▶ **活动说明** ◀

在改进沙漏时大部分幼儿采用的方法是改变填充材料的量。这时候就要用到估算的能力。教师可以请沙漏的制作者估算应该增减多少填充材料，请幼儿表达自己的想法并将不同的预测记录下来。观察改进后的沙漏，看谁预测的比较准确。

选择不同的沙漏来改进，可以在不同的情况下考验幼儿估算的能力。

活动过程 5：反思

（1）教师请幼儿说说他们自制的沙漏和购买的沙漏的主要区别在哪里，为什么，以及如何改进自制的沙漏。

（2）教师请大家讨论沙漏里不同的填充材料的优劣。

▶ **活动说明** ◀

自制沙漏和购买的沙漏的主要差距在于精确性，精确性受到多方面的影响，其中最大的问题是材料流动的流畅性。当然还有其他差距，比如瓶子的稳定性。请幼儿畅所欲言，从中可以看出幼儿对沙漏的结构、功能和制作工艺的思考。填充材料有的大有的小，流畅性不同，干燥度不同。这个讨论活动是考察幼儿对材料和效果之间关系的思考。

幼儿评估

对幼儿的评估如表 6-4 所示。

表 6-4 对"看得见的时间：沙漏"活动中的幼儿的评估

实践、概念与工程	成功	改进
实践 3-1 表征和创建模型：创建图示、图表或简单的实物模型来表示或解释一些现象或设计。	能制作出基本可以实现计时功能的沙漏，不管计时是否准确。	制作失败，或者所制作的沙漏的计时功能过于离谱。
概念 3-4 尺寸、比例和数量：通过估算来理解和解决问题。	在材料的数量增减方面所估算的准确度较高。	估算的准确度非常低。
工程 4-1 材料和工具：材料的特性影响到其功能和完成任务的效果。	能从材料和工具的具体特点上分析沙漏的缺陷和填充材料的优劣。	只能泛泛地谈论缺陷和优劣，不能提供具体的证据。

▶ 评估说明 ◀

实践 3-1：在探究和创造环节进行评估。概念 3-4：在创造环节和反思环节评估。工程 4-1：在反思环节评估。

（执笔：北京市第五幼儿园 王佳琦）

STEM 活动：泡泡水

（4—5 岁）

活动概述

孩子们永不厌倦玩泡泡水，他们也很好奇：为什么用普通的水很难吹出泡泡，而用买的泡泡水可以吹出更大且保持时间更长的泡泡呢？自制泡泡水是一个材料简单但充满了丰富的探索机会的 STEM 活动。

STEM 标准

【科学与工程实践】

5-1　分析和解释数据：在成人的引导下使用图画、图表和符号组织数据。

【跨学科概念】

3-2　尺寸、比例和数量：认识到量是相对的，可以比较与测量。

【工程设计】

4-2　材料和工具：工具的功能有利于解决特定的技术问题。

第六章 梦想和游戏大师

▶ **标准说明** ◀

要成功制作泡泡水,需要考虑的关键问题包括:泡泡水的成分;配制泡泡水所用到的各种材料的比例。为了解决这些问题,幼儿可以使用图画与数学表征的方法来记录和分析方案(科学与工程实践 5-1;跨学科概念 3-2)。为了将这些思考落实到实践中,幼儿还要研究、练习以及正确使用各种测量工具(工程设计 4-2)。

材料准备

本活动需要准备的材料如表 6-5 所示。

表 6-5 "泡泡水"活动所需材料

材料	数量	备注
讨论需要的材料		
洗洁精	1 瓶	1.5L
洗手液	1 瓶	500ml
肥皂	1 块	250g
液体胶水	1 瓶	100ml
糖	1 包	250g
水	1 瓶	1L
材料台中提供的材料		
吸管	幼儿数×2	长为 15~20cm
量杯	幼儿数×2	直径为 4cm,容积为 100ml
托盘	幼儿数×1	长为 25cm,宽为 15cm
滴管	幼儿数×2	长为 10cm

▶ 材料说明 ◀

在这个案例中,教师让幼儿使用洗手液或洗洁精来配制泡泡水,如果教师觉得自己班上的幼儿可以挑战更高的水平,除洗洁精外,可另外提供肥皂、洗衣粉等,让幼儿多一些材料的选择;教师也可以用其他可产生泡泡的材料代替表格中的材料。

活动准备

教师提前测试不同材料的效果,并根据需求调整材料;教师自制泡泡水1份;按照幼儿的分组情况准备材料的数量。

活动过程1: 提出需求

教师可以在"顽皮一夏"的主题活动中向幼儿提出开展"吹泡泡游戏比赛"的建议:"经过小朋友们讨论'我夏天最喜欢玩的游戏',我发现大家最喜欢玩的是吹泡泡游戏。我们可以一起动手自制泡泡水,玩一场好玩的'吹泡泡游戏大作战'。小朋友们,你们愿意一起动手制作吗?"

▶ 活动说明 ◀

在开展STEM活动时,我们希望幼儿能够拥有"真实"的需求,这个需求可以来自幼儿在学习生活中的真实情境,也可以来自幼儿在游戏情境中的疑问。在上文情境中,教师根据主题活动的进展和幼儿的真实需求向他们提出开展"吹泡泡游戏比赛"的建议,这项活动源于生活、学习的需要,因此孩子们的反应很积极。

文文:我已经想玩吹泡泡好久了,而且我在家里玩过,我想当小队长!

登登:我愿意加入,吹泡泡很好玩。

筱筱:我要跟余保沂一起制作,我们两个是好朋友。

航航:我跟妈妈一起制作过泡泡水,我知道怎么做,我也想当小队长。

第六章 梦想和游戏大师

活动过程 2：分析需求

教师拿出自己配制的泡泡水，引导幼儿用视觉、触觉观察，描述他们观察到的情况，在分享之后思考两个问题。

- 这份泡泡水是用什么配制的？
- 什么样的泡泡水能吹出泡泡？

教师只需引导幼儿发表看法，不必点评。

孩子们从颜色和状态上观察到泡泡水是透明的，并且吹起来时有丝状物体出现。他们认为这是一份加了很多水并且有洗洁精的泡泡水。所有孩子们一致认为能吹出泡泡的泡泡水里面一定有洗洁精、洗手液这类材料。

▶ 活动说明 ◀

在科学与工程实践中，在动手之前先了解活动目标，观察目标制作物的特性，是明确目标、避免过度浪费的行为和非必要错误的关键步骤。因为幼儿有能力参与各种制作，但制作的成品需要能真正地解决问题、达成目标，活动才有意义。分析问题的过程也有利于教师了解幼儿对问题的理解程度和经验水平，为后面的观察和支持提供依据。教师允许大家发表不同的意见，以便开启具有开放性和促进思维的灵活性的话题。因为幼儿在生活中已经有了吹泡泡水的相关经验——知道肥皂水、洗手液能产生泡泡，所以根据观察和经验，他们可以初步设计出制作泡泡水的方案。

活动过程 3：探究和计划

（1）教师向幼儿介绍材料台上的材料名称（量杯、滴管、托盘等）。

（2）请每组幼儿寻找自己小组的材料，并在组内探究。幼儿在探究时需要注意以下两个方面。

- 感知不同材料的特点。
- 对不同材料的效果做出猜测，并说明理由。

幼儿在班级里经常会用到洗手液和洗洁精,他们在寻找可以吹泡泡的材料的过程中发现洗手液和洗洁精都可以制造出泡泡。于是,他们主动把洗手液和洗洁精也搬过来。有的幼儿发出了质疑。幼儿开始分析不同材料呈现的泡泡的状态,如:洗手液的泡泡很密集,洗洁精的泡泡是大大的。

(3)猜测:说说自己想要用什么材料配制泡泡水,以及为什么。

当幼儿感受完材料,教师需要进一步推动活动的开展,引导幼儿把对不同材料的猜测记录下来,用图来表征自己想用的材料。

(4)教师告诉幼儿,他们对材料探究和了解得越多,就越能帮助他们配制出自己想要的泡泡水。

(5)制订配比计划。

在此时,幼儿凭感觉做出了各种配比计划。

文文:我计划用50ml水和10ml洗洁精进行配比。

筱筱:我的计划是用80ml的水和10ml的洗洁精进行配比。

航航:我跟你们不一样,我用的是洗手液和水,洗手液需要10ml,水需要80ml。

▶ 活动说明 ◀

在这个过程中,孩子们虽然有很多讨论和思考,但是只能凭经验制订比较粗糙的泡泡水原料配比计划。教师乐于看到孩子们这样大胆地假设,从而为在后面的环节中出现困难和挑战埋下伏笔。

活动过程4:创造和测试

请幼儿根据自己的泡泡水配比计划,准备材料。

幼儿分别选择自己所需的材料,制作出了不同的泡泡水,测试泡泡水(如图6-4),但是结果都不理想。

50ml水和10ml洗洁精(文文):能咕噜咕噜地吹出泡泡,泡泡是大大的,但

第六章　梦想和游戏大师

图 6-4　测试泡泡水

是飞不起来。

80ml 水和 10ml 洗洁精（筱筱）：能咕噜咕噜地吹出像棉花糖一样的泡泡，跟文文的结果一样，泡泡飞不起来。

80ml 水和 10ml 洗手液（航航）：吹出的泡泡很小，结果也是飞不起来。

"飞不起来"的泡泡引发幼儿重新思考：如何配比才能成功配制出可吹出"会飞的泡泡"的泡泡水？

▶ 活动说明 ◀

"选择一种能出泡泡的材料（表面活性剂）"是一个比较重要的限定条件，因为如果幼儿混杂使用材料，在讨论时就会使问题的焦点模糊，可能超越幼儿讨论这个话题的能力。当然，如果仍然有幼儿使用了一种以上的材料，那么教师也不必据此全盘否认他的做法，而是可以根据实际的效果选择相应的讨论和指导策略。

幼儿可能认为材料越多泡泡越能飞起来，而事实上并非如此。教师可以观察哪些幼儿遇到了这些问题，是否能通过测试找到改进的办法，从而了解幼儿的发展水平。

在这个环节中，孩子们第一次使用各种测量工具。虽然"ml（毫升）"是一个很难让幼儿真正理解的容积单位，但明确的配比方案降低了孩子们初次尝试使用标准测量工具的难度，为他们学习使用工具开启了良好的第一步。

活动过程5：改进

（1）幼儿在组内分析讨论要配制什么样的泡泡水才能达到我们想要的效果。

（2）聆听小组成员的意见，思考并尝试改进措施。

①分析原因。

登登：我认为我们的水加得太多了，所以泡泡才会飞不起来。

航航：我们的洗洁精太少了，要多加一点。

文文：洗手液的泡泡太小了，我们这次不选洗手液了。

沂沂：泡泡粘起来了，一个一个飞起来的泡泡才是我们想要的。

②讨论泡泡水的配比和能使泡泡变坚固的材料。

在讨论的过程中，有幼儿提出可以从网上寻找泡泡水的配比方法，其他幼儿一致同意这个办法。他们询问小度智能音箱，最后获得的办法是"洗洁精和水的配比是1:2，如果要让泡泡变得更坚固，可以在洗洁精溶液中加入液体胶水"。

③修改计划，进行配比（如图6-5）。

图6-5 孩子们的配比方案

小组成员一起商量，最终决定参考小度智能音箱的意见，选用洗洁精20ml、水40ml和三种不同量（10ml，20ml，40ml）的胶水来进行实验，接下来会分三个实验来进行操作。

由于幼儿有了第一次配比的经验，因此他们在第二次配比过程中的分工和合作方面有了明显的进步，遇到的最大难题是胶水的拿取问题。在教师的引导下，他们使用滴管分别取出10ml、20ml和40ml的胶水。

（3）三次测试，得出结论。

幼儿在三次测试中都能吹出会飞的泡泡，但是在吹泡泡的同时，由于泡泡是任意飘动的，他们难以观察到哪个泡泡先破。

▶ 活动说明 ◀

在这个过程中，幼儿需要运用到多种STEM技能。我们关注的重点，仍然是幼儿能否围绕核心问题——通过调整比例和数量来改进效果。针对不同的原因需要不同的解决方案。在这个过程中，幼儿对各种比例和数量进行分析和测试。这是一个不断假设、通过试错来找到正确方案的过程。

这个过程对幼儿使用测量工具的标准提出了更高的要求。幼儿不能只看整数，而是要比较各种增多和减少的量。虽然这对于他们来说有些困难，但是他们由此体会到了标准测量工具的精确性。

活动过程6：反思

回顾整个活动过程——幼儿做了哪些事，遇到了哪些困难，最后用了什么办法来解决困难。

▶ 活动说明 ◀

反思是为了让幼儿回顾、梳理、归纳，在反思中发现问题，进而推动问题的解决。幼儿在中班时的探索能力进一步发展，中班阶段也是培养幼儿工程思维的重要时期，在幼儿收获经验的同时,其解决问题能力、逻辑思维能力等也在不断地提高。

幼儿评估

对幼儿的评估如表 6-6 所示。

表 6-6 对"泡泡水"活动中的幼儿的评估

实践、概念与工程	成功	改进
实践 5-1 分析和解释数据:在成人的引导下使用图画、图表和符号组织数据。	能够用各种方式来比较清楚地记录和表达配方。	记录或表达形式令人费解。
概念 3-2 尺寸、比例和数量:认识到量是相对的,可以比较与测量。	能有意识地调整不同材料的数量和比例,尝试达到更好的效果。	没有计划地加水或加其他材料,凭感觉添加。例如:不断加水或加其他材料,缺乏控制量的意识。
工程 4-2 材料和工具:工具的功能有利于解决特定的技术问题。	能使用各种工具,按照配方大致正确地拿取各种材料。	经过学习仍然不能大致正确地使用工具。

▶ 评估说明 ◀

实践 5-1:可以在活动过程 3、4、5 中评估。教师可以在一开始观察幼儿最初的记录情况,之后评估幼儿在活动过程中组织数据的能力是否在提高。教师需要注意为能力较弱的幼儿提供专门的支持。概念 3-2:主要在活动过程 5 的改进环节进行评估。工程 4-2:主要在活动过程 4、5 进行评估,这呈现出了一个递进式的发展。

(执笔:广东省深圳市龙华区教科院幼教集团附属幼儿园 傅伟芳、袁水玲)

第六章 梦想和游戏大师

STEM 活动：未来的房子

（5—6 岁）

活动概述

本学期，在以"房子"为主题的活动中，孩子们对房子的兴趣非常浓厚，设想以后的房子会发生什么样的变化，会变成什么样，并且说出了自己天马行空的想法。我们及时抓住幼儿的这个兴趣点，引导幼儿通过周围的世界和自己的生活来理解各种建筑形态，激发创作的灵感，创造出"未来的房子"。

STEM 标准

【科学与工程实践】

3-1 表征和创建模型：创建图示、图表或简单的实物模型来表示或解释一些现象或设计。

【跨学科概念】

6-1 结构与功能：探索生活中各种物体或生物的结构和功能，发现结构和功能之间的关系。

【工程设计】

2-1 开发可行的解决方案：方案包含解决问题需要的工具、材料、实施方法和实现的目标。

▶ 标准说明 ◀

在这个活动中，幼儿要先了解各种含有未来理念的建筑，对这些建筑的特别之处进行分析和讨论，启发自己的灵感（跨学科概念 6-1）；之后，幼儿分组设计自己想象中的未来的房子，教师可以引导幼儿立足于需求与功能来设计房子，这样可以让幼儿通过搭建一定的结构（虽然未必科学）来实现这些"不太现实"的功能（跨学科概念 6-1），并在设计图上体现出这种对未来建筑的"现实性"思考（工程设计 2-1）；最后，幼儿通力合作，设法为自己想象的建筑创造一个具有一定说明性的实物模型（科学与工程实践 3-1）。

材料准备

本活动需要准备的材料如表 6-7 所示。

表 6-7 "未来的房子"活动所需材料

材料	数量	备注
讨论需要的材料		
未来感房子的视频	若干	教师可自行查找资料。本活动使用了《七龙珠 Z》和《卡罗尔和星期二》第 1 集中的片段
白纸、笔	适量提供，满足幼儿的需要	在集体或者小组讨论设计方案时，教师需要提供全开或半开大纸
未来感建筑图片	若干	教师可自行查找相关图片。本活动使用了"未来科技——令人感到不可思议的 9 个极具科技感的房屋"中的资料

第六章 梦想和游戏大师

续表

材料	数量	备注
材料台中提供的材料		
胶枪、胶棒	每组1支	注意提醒幼儿安全地使用热熔胶
各类纸张，如A4纸、卡纸、硬纸板、皱纹纸	适量	
木工材料，如木头、小木条、塑料袋、透明塑料板、纸板、铁丝等	适量	材料的形状、长短、材质尽量丰富多样
各种木工工具，如锤子、锯子、钳子、护目镜、手套、围裙等工具	适量	幼儿专用工具

▶ **材料说明** ◀

在活动过程中，由于幼儿的想法天马行空，因此每一种材料要尽量丰富多样，可能远超过表格中所列出的材料。教师可以根据幼儿的设计方案提供相对应的材料，例如：幼儿想要制作"透明的房子"，教师可以设法提供相应的透明建构材料。

活动准备

幼儿已经对房子和建筑的结构、功能有了一定的了解；有制造复杂模型和木工的相关经验，具有一定的进行复杂工艺的能力。

活动过程1：提出需求

（1）观察未来感建筑，教师提问：你们见过这些建筑吗？这些建筑有什么特别的呢？梳理并了解幼儿的已有经验。

（2）观察并讨论这些建筑的基本结构及特征，说说这些建筑的特殊之处。

（3）教师总结不同建筑的特殊之处及其功能。提出需求：在你的想象中，未来的房子可能有哪些特征？可能需要增加哪些功能？

▶ 活动说明 ◀

在开展此活动之前，幼儿与教师已经通过各种方式和途径了解身边看到的各式各样的房子，幼儿渐渐地对房子获得了一定的了解，知道了房子的外形特征、构造和材料。在此基础上，用未来感建筑启发幼儿，让他们萌生根据自己的想象和经验来创造未来的房子的意愿。

活动过程2：分析需求

（1）分组讨论和设计未来的房子，教师引导幼儿围绕房子的功能，表达自己对"未来的房子"的设计想法。

（2）在每个小组确定想象中的未来的房子的功能后，请他们讨论用什么样的结构来实现这样的功能。

（3）教师巡视，在幼儿遇到瓶颈时启发幼儿。

▶ 活动说明 ◀

在讨论未来的房子时，有的幼儿的想象力完全不受拘束，他们会生发出许多想法；有的幼儿可能仍然会思考"是否能实现"，不愿意凭空想象。对前一种幼儿，教师可以请他们思考这样的房子有什么用处，能解决什么问题；对后一种幼儿，教师可以请幼儿谈谈他们对自己家或大家熟悉的建筑有什么不满意的地方，想改造哪些方面（如光线不足等），从更贴近生活的角度来设想未来的房子。

肖肖："我们家现在在高层，但是房子太小了，所以我们想要设计'可伸缩的房子'。房子的空间可以伸展，伸展出去的空间由很牢固的钢筋材料构成，所以很安全。不用担心它会被风吹倒。"

西西："我们组设计'可以任意穿梭的房子'。你在我们的房子里，只要按一个按钮就可以到你想去的房间，就像滑滑梯一样滑到另一个房间里。当你滑完后，那个滑梯又可以隐形。"

周周:"我们的房子可以自己移动。当你想去旅行的时候,它会把像蜈蚣一样的脚伸出来。你住在里面不用打扫,它有自动清洁的功能。"

幼儿对未来的房子的想象较少考虑其实际的可行性,教师需要引导幼儿注意功能与结构的关系,通过引导性的问题让幼儿思考用什么结构来实现功能。

教师:"你想要一个会飞的房子,那房子怎样才会飞呢?"

涵涵:"我们可以在房子底部安装火箭,当你想要飞去某个地方的时候火箭通过喷火就可以飞起来。在我们的房子里可以近距离地看到星星和月亮。"

橙橙:"我们可以在房子的两边安装像飞机机翼一样的翅膀……房子的顶部像火箭头一样,可以防止房子在飞行的时候温度过高。"

活动过程3:探究和计划

(1)幼儿分组思考自己的设计,画出设计图(如图6-6)。

图6-6 幼儿设计的各种房子方案

(2)幼儿参考工具和材料,思考如何把设计图变成真实的建筑模型,列出建造计划,包括建造顺序和对应的负责人。

(3)教师请幼儿分享各组的设计图和建造计划,帮助幼儿理清思路。

▶ 活动说明 ◀

教师要提醒幼儿,设计图要表现出房子的外形、结构以及各部分的功能。在幼儿讨论以及最后介绍时，教师可以追问这些细节，帮助幼儿把握设计细节，使设计思路更具现实性，而不是纯粹的"空中楼阁"。例如：在"可伸缩的房子"小组，在教师的追问下，肖肖提出，可以用钢筋来做房子的结构，让伸展出的空间和房子的主体部分成为一个整体，这样会更安全。

因活动时间较长，有些问题可以留下来让幼儿回家继续和家长讨论，幼儿从家长那里获得更多的解决方案，然后回到幼儿园继续完善方案。

在探究和计划的环节，幼儿可能需要了解各种新的知识，教师可以开展一些小的拓展活动让幼儿更好地接触有趣的相关知识。例如：在"可伸缩的房子"小组里，有人指出伸出去的房子可能容易被台风刮断，范范建议安装阻尼器，于是教师和幼儿一起了解了有关阻尼器的内容，大家都非常感兴趣。

活动过程 4：创造

（1）幼儿根据商定的方案和计划，制作自己的房子模型（如图6-7）。

图 6-7　幼儿动手制作自己的房子模型

（2）教师巡视各个小组，为幼儿的创作过程拍摄视频和照片，在必要时提供帮助。

▶ 活动说明 ◀

不同方案的创作难度各不相同,为避免难度差别太大,教师可以对不同方案提出不同的要求。例如:对于制作难度比较低的方案,教师可要求幼儿提高其精确度,并对房子的外观进行美化;而对于制作难度较高的方案,教师可对幼儿施以援手,或者提供一些建议。

教师也可以邀请家长来帮忙。

活动过程 5:改进

(1)幼儿展示创作的房子模型(如图 6-8),请其他幼儿、教师根据设计意图提出改进意见。

(2)幼儿在小组内讨论他人的意见,决定改进方案并实施改进。

图 6-8　幼儿创作的房子模型

▶ 活动说明 ◀

即使经过前期推敲,幼儿也可能在制作时发现自己的某些想法很难落实。对于这一类想法,可以和提建议的人沟通解释,不纳入改进范围。

活动过程6：反思

（1）幼儿讲解自己的设计图和作品，拍摄视频，通过讲解来反思创造过程。

（2）将视频上传到网络，通过二维码生成器，为每件作品制作二维码，在展览时供参观者了解作品。

▶ 活动说明 ◀

在完成作品后，有幼儿根据自己去博物馆的观察经验，提议给作品贴上二维码。因此，教师将拍摄视频和制作二维码作为反思的方法，让幼儿通过拍摄视频来讲解和回顾自己的创作意图和创作过程。

幼儿评估

对幼儿的评估如表6-8所示。

表6-8　对"未来的房子"活动中的幼儿的评估

实践、概念与工程	成功	改进
实践3-1　表征和创建模型：创建图示、图表或简单的实物模型来表示或解释一些现象或设计。	与同伴积极合作，共同制作出符合设计想法的房子模型。	创作时贡献甚少，很少提出自己的想法和建议，也不能在创作遇到困难时提供解决困难的思路。
概念6-1　结构与功能：探索生活中各种物体或生物的结构和功能，发现结构和功能之间的关系。	能观察到并解释教师出示的房子案例的结构与功能，并在自己设计房子时通过结构的安排实现自己想要的功能。	对各种房子案例的结构与功能缺乏基本合理的推理；自己在设计房子时无法构想出符合预设功能的结构。
工程2-1　开发可行的解决方案：方案包含解决问题需要的工具、材料、实施方法和实现的目标。	在设计方案上能考虑到让功能真正发挥作用的结构、材料或方法，而不是仅关注外观。	其设计方案仅关注外观，关于房子最重要的"未来"功能只有想法，而无具体的表现。

第六章 梦想和游戏大师

▶ 评估说明 ◀

实践3-1：教师在创作环节进行评估。概念6-1：教师可在以下这些环节评估——幼儿观察和分析教师提供的未来房子案例时，讨论自己的房子方案时或者讨论其他小组的房子方案或模型时。工程2-1：在幼儿分组讨论自己的设计方案、画设计图和介绍讨论设计图时进行评估。

（执笔：广东省深圳市第八幼儿园　吴纯青）

STEM活动：纸杯机器人

（5—6岁）

活动概述

机器人是幼儿特别感兴趣的话题，他们在图书、动画片、科普读物、照片等图像资料中见过的机器人、奇特的机器人造型和机器人的特异本领进一步拓展了他们的想象空间，诱发了他们强烈的创作愿望。在美工区，我带领幼儿创作了许多关于

机器人的作品，刚开始是机器人绘画，后来用卡纸、筷子等制作机器人模型。最后，幼儿提出想做真正能动的机器人，于是，我根据大班幼儿的年龄特点，确定了"纸杯机器人"活动。（读者可扫描左边的二维码观看活动视频。）

STEM 标准

【科学与工程实践】

7-2 构建解释和设计解决方案：利用提供的工具和材料，提出解决问题的具体方案。

【跨学科概念】

6-1 结构与功能：探索生活中各种物体或生物的结构和功能，发现结构和功能之间的关系。

【工程设计】

3-1 优化设计方案：测试的目的是找出失败的原因或者困难，确定需要改进的元素。

▶标准说明◀

教师请幼儿探索机器人样品，让幼儿分析机器人的结构和功能（跨学科概念6-1），按照分析结果制作自己的纸杯机器人（科学与工程实践7-2）。在做出初稿以后，为了让机器人能够流畅地运作，幼儿需要不断调整、测试和改进（工程设计3-1）。

材料准备

本活动需要准备的材料如表6-9所示，部分材料如图6-9所示。

表 6-9 "纸杯机器人"活动所需材料

材料	数量	备注
讨论需要的材料		
教师自制"会动的机器人"	1 份	一个会动的动力装置玩具
材料台中提供的材料		
鱼丝线	每组 1 卷	长度 10cm 左右
橡皮筋	若干	直径 3.8cm 左右
串珠	若干	大小不一（参见图 6-10）
吸管	若干	长度 8～10cm
螺丝起子	每组 1 把	用于钻孔打洞
纸杯、纸盒	若干	大小、形状不一
冰棒棍	若干	长度 10cm
夹子	若干	长度 3~5cm
毛根	若干	长度 10cm 左右
美劳眼睛	若干	直径 0.8cm 左右

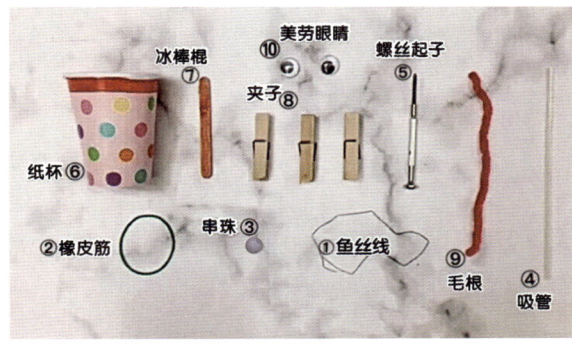

图 6-9 "纸杯机器人"活动部分材料示意图

图 6-10 串珠

活动准备

教师自制一个会动的机器人（制作过程见图6-11），测试不同材料的效果，根据需要调整或添加合适的材料；按照幼儿的分组数量，将材料台上的材料分成若干份，保证每组幼儿都有试错的机会。

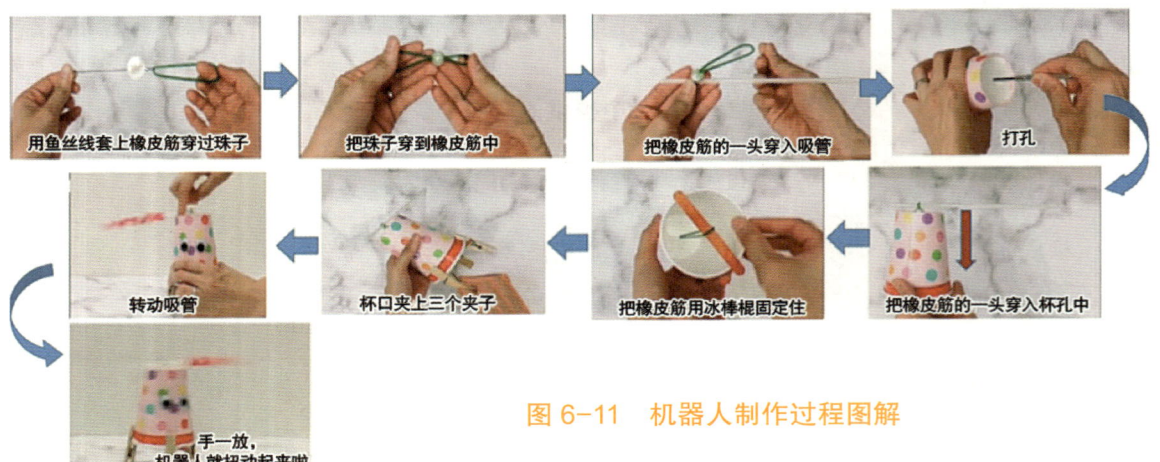

图6-11 机器人制作过程图解

活动过程1：提出需求

教师出示做好的机器人，并演示玩法，孩子们感到特别惊喜，这个机器人动起来的样子真滑稽！教师邀请孩子们一起看一看、玩一玩，引发幼儿产生自己制作一个机器人的想法。

▶ 活动说明 ◀

教师用生活中的材料自制纸杯机器人，这对幼儿来说具有很大的吸引力。因为这意味着他们也可以亲手做一个。

活动过程2：分析需求

（1）请幼儿仔细观察机器人样品，说说机器人由哪些部分组成，每个部分可能有什么作用。

（2）请幼儿画出自己的机器人设计说明图，在小组内互相介绍、讨论机器人的结构与功能。

(3) 与教师的说明图（见图6-12）相对照，发现异同之处，更好地关注细节。

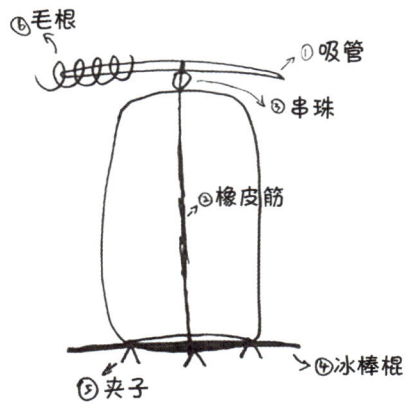

图6-12　教师的机器人结构说明图

▶ 活动说明 ◀

机器人的结构看起来简单，但是每个结构与功能并不是幼儿一眼能看出来的。有几名幼儿由于玩过一些由橡皮筋提供动力的玩具，因此对橡皮筋的作用做出了合理的推测（利用橡皮筋的弹性为螺旋桨旋转提供动力）；而串珠的作用对幼儿来说很难，有的幼儿会认为串珠只是为了装饰；有的幼儿认为串珠肯定有特别的作用，但无法说出具体内容；而毛根的作用完全超越了孩子们的知识和经验。在这个环节，教师并没有告知答案，而是让他们充分观察和辩论，提出各自的见解，至于是非对错，他们将会在后面的探究中找到正确的答案。

活动过程3：探究、计划和创造

(1) 请幼儿观察材料，选择自己喜欢的材料来制作独一无二的机器人。

(2) 请幼儿选择工具，根据自己对机器人的研究和设计图，制作自己的机器人。

▶ 活动说明 ◀

在制作的过程中，幼儿需要用鱼丝线套上橡皮筋穿进串珠，用吸管卡住橡皮筋与串珠的一端，将带有鱼丝线的另一端穿入纸杯的孔，用冰棒棍固定纸杯的底部，这需要比较强的小肌肉运动能力。但是技术问题一般不视为幼儿探究的重点，所以在这个环节，教师分组查看幼儿的操作情况，予以直接支持。

在这个环节中，我们鼓励幼儿选择自己喜欢的材料，做一个特别的机器人。这样做，一来可以提高幼儿的主动性，二来可以创造机会，让幼儿认识到不同的材料对功能会产生不同的影响，最终产生不同的效果。

活动过程 4：测试和改进

（1）在机器人制作好之后，请幼儿测试自己的机器人。

（2）幼儿描述自己制作的机器人的运动状态，指出机器人的问题，比较教师的机器人样品和其他成功的机器人，发现问题，通过多次测试改进机器人。

（3）教师可以选择有典型性问题的机器人，与幼儿一起观察和探究。

▶ 活动说明 ◀

机器人看似简单，但其每个结构都有不可替代、不可缺少的功能。多个零件的组合，对幼儿提出了较高的挑战。每次活动中幼儿遇到的问题可能都不一样，幼儿需要反复观察自己制作的机器人和制作成功的机器人之间的异同，逐一对相关元素进行测试，排除障碍，找出需要完善的地方。

图 6-13　串珠太小的情形

材料会影响机器人的运动。如，选用的盒子太大、太重时，虽然机器人看起来特别魁梧，但橡皮筋的弹力不足以带动它运动。

零件不合适会造成运动的障碍。例如，选用了太小的珠子，上方作为"螺旋桨"的木棍容易被杯子或者箱子的顶部卡住，导致"螺旋桨"无法旋转（如图 6-13 所示）。

零件的缺失也会造成麻烦。例如，如果没有安放毛根或者其他物品，机器人就保持了相对平衡，即使这时有橡皮筋带来的动力，机器人也很难离开原地四处走动。如果机器人完全对称，没有带动"偏离"的力量，反而会留在原地。

"螺旋桨"上没有安装毛根时，机器人只能在原地颤动（如图 6-14 所示）；"螺旋桨"上安装毛根后，毛根使得整个机器人的结构重心发生变化，从而带动机器人离开原地开始走动（如图 6-15 所示）。

第六章 梦想和游戏大师

图 6-14　没有安装毛根的机器人

图 6-15　安装了毛根的机器人

活动过程 5：反思

（1）机器人展览。幼儿在教室里自由参观、操作各种机器人作品，发现小伙伴们作品的特别之处。

（2）教师带领大家回顾制作机器人的难点，通过 STEM 标准让幼儿对科学与工程实践有更深入的了解。

▶ 活动说明 ◀

反思环节可以重点回顾机器人的结构与相应的功能，教师鼓励幼儿针对主要问题，比较问题解决前后机器人的表现，帮助幼儿总结各个部件结构与功能的关系，可适当涉及科学原理，以帮助幼儿更好地在语境中了解所观察到的现象。

幼儿评估

对幼儿的评估如表 6-10 所示。

表 6-10 对"纸杯机器人"活动中的幼儿的评估

实践、概念与工程	成功	改进
实践 7-2 构建解释和设计解决方案：利用提供的工具和材料，提出解决问题的具体方案。	能选用合适的材料，按照自己的想法设计机器人的制作方案。	拿取与教师或其他小伙伴完全一样的材料来制作机器人，没有自己的想法。
概念 6-1 结构与功能：探索生活中各种物体或生物的结构和功能，发现结构和功能之间的关系。	能通过部件的属性特征和机器人样品的运动状态，使用观察到的部件特性和现象，推理各个部件的功能，虽然未必完全正确。	只能注意整体或大的部件的形状和状态，对功能不甚清楚；也不清楚功能性部件和装饰性部件的区别。
工程 3-1 优化设计方案：测试的目的是找出失败的原因或者困难，确定需要改进的元素。	能够分析障碍机器人的问题，通过观察到的证据或排除法来寻找解决方案。	机器人出现障碍时，无法有针对性地观察，无法找出可行的解决思路。

▶ 评估说明 ◀

实践 7-2：主要是观察幼儿能否制作出基本形态完备的机器人，忽略小问题。

概念 6-1：主要通过活动过程 2 分析需求这个环节来评估，也可以参考创造环节。

工程 3-1：主要通过活动过程 4 测试和改进这个环节来评估。

（执笔：广东省深圳市第八幼儿园　洪晓静）

第七章

在生活中成长

真实生活问题探究

教育的根本意义是生活之变化。生活无时不变,即生活无时不自有教育的意义。因此,我们可以说:"生活即教育。"

——陶行知

幼儿园 STEM 教育活动设计方法与实例

STEM 活动：消灭泡泡大行动

（5—6 岁）

活动概述

在孩子们洗手后，洗手盆下的地漏处总是堆积着泡泡，而且随着洗手人数的增加，泡泡会不断地从地漏处冒出来，孩子们每次都很兴奋地大叫："泡泡跑出来了！""泡泡越来越多了""为什么泡泡会在这儿？"

地面上的泡泡给我们带来了不便，所以，我们决定和幼儿一起来解决这个问题。在这个活动的前半部分，幼儿需要找出泡泡泛滥的原因，从而找到正确的对策；而在后半部分，幼儿则通过改造洗手液瓶来尝试解决问题。这个活动让幼儿对科学与工程实践有了更切身的体会。

STEM 标准

【科学与工程实践】

7-2 构建解释和设计解决方案：利用提供的工具和材料，提出解决问题的具体方案。

第七章 在生活中成长

【跨学科概念】

2-2 原因与结果：根据一定的证据推测、分析可能的原因，区分相关因素和无关因素。

【工程设计】

3-2 优化设计方案：比较不同的设计方案，有助于更好地解决问题。

▶ 标准说明 ◀

为了解决问题，孩子们首先需要找到泡泡问题产生的原因（跨学科概念2-2），在综合分析各种因素后，提出控制泡泡数量的具体方案（科学与工程实践7-2）。幼儿在提出不同的方案后，可以比较各个方案的优劣，找出最合适的方案（工程设计3-2）。

材料准备

本活动需要准备的材料如表7-1所示。

表7-1 "消灭泡泡大行动"活动所需材料

材料	数量	备注
讨论需要的材料		
洗手液瓶	6个	健康抑菌洗手液525ml
材料台中提供的材料		
超轻黏土	幼儿数×1	1袋
麻绳	幼儿数×1	直径为0.2cm
毛根	幼儿数×1	直径为0.1cm
纸巾	幼儿数×1	卫生纸，4层，138mm×104mm/节

幼儿园 STEM 教育活动设计方法与实例

续表

材料	数量	备注
吸管	幼儿数×1	直径为 0.7cm
试管	幼儿数×1	直径为 1.5cm，高度为 10cm

▶ 材料说明 ◀

在这个案例中，幼儿需要用到扭扭棒等材料来改造洗手液瓶。教师可以不必完全按照表格中的材料来准备，如果幼儿有对其他材料的需求，教师可以灵活地替换表格中的一些材料。

活动过程 1：发现问题，提出需求

地漏处堆积着大量泡泡，幼儿议论纷纷："怎么会有这么多的泡泡？""洗手时产生的泡泡为什么没有被冲走，还不停地冒上来呢？"教师及时向大家抛出需求："我们如何解决泡泡泛滥的问题呢？"

▶ 活动说明 ◀

幼儿园教室里难免出现各种各样的实际问题。在一般情况下，教师为了不干扰教学和幼儿的日常生活，会在幼儿园后勤部门的帮助下及时处理问题。但这些问题也是幼儿生活中真实遭遇的问题，在合适的情况下，教师可以把这些问题变成幼儿的学习机会。

活动过程 2：分析问题

（1）教师请幼儿分成小组观察现场，寻找这个问题产生的原因。

（2）针对幼儿提出的可能性原因，教师支持幼儿通过实验的方法来验证。

（3）通过讨论，明确问题解决的方案：改造洗手液瓶，控制每次洗手液的使用量。

第七章 在生活中成长

▶ 活动说明 ◀

这是个非常复杂的问题现场,所以幼儿说出了很多原因,比如:因为下水口太小,泡泡来不及排走;下水道堵塞,泡泡是被冲回来的;小朋友用的洗手液太多,大家一起洗手,造成了很多泡泡;等等。教师要求幼儿阐述原因,并且必须提出证据来说明。教师也会引导幼儿比较其他类似的情况,帮助幼儿更好地论证自己的观点,如观察卫生间和其他教室里洗手槽的情况。

为了验证幼儿观点的合理性,教师还支持幼儿进行了一系列的实验:

- 通过吹泡泡实验来查看什么情况下泡泡会往上涌(如图7-1);
- 寻找和管道一样的材料,通过模拟实验来观察水流冲刷的速度和方向(如图7-2);
- 引导大家观察使用洗手液的习惯,测试洗手液使用量和泡泡产出的关系。

图 7-1 吹泡泡实验

图 7-2 模拟水流冲刷实验

针对不同的原因，幼儿提出了各种主张，如用大量的水冲刷泡泡，最终将泡泡冲干净。但是这个方案非常浪费水，也很难让地面保持干爽，所以最终没有被采纳。最后大家一致同意：控制每次洗手液的使用量，就可以控制泡泡的产出量。为了每次按压出较少的洗手液，幼儿决定对洗手液瓶进行改造。

活动过程3：探究和计划

（1）幼儿研究洗手液瓶的结构，思考哪部分在控制出液量，有什么办法减少出液量。

（2）幼儿根据自己的探索，提出控制出液量的改造方案。

▶ 活动说明 ◀

幼儿拆开洗手液，仔细研究洗手液瓶的每个结构和功能，有针对性地提出几种方案：把洗手液瓶里的吸管换成更细的管子、用胶带或超轻黏土堵住一半的压泵口、用小瓶盖测量合适的使用量、在泵口上做记号等。

教师请提出方案的幼儿解释方案的原理——为什么这样做可以减少出液量。

活动过程4：创造、测试和改进

（1）幼儿根据自己的方案，寻找合适的材料对洗手液瓶进行改造（如图7-3）。

（2）改造后，幼儿测试自己的方案，分析各个方案的优劣，最终选用大家认为最实用的方案（如图7-4）。

▶ 活动说明 ◀

幼儿的改造方案在实施方面有难有易，教师可以提供多种支持。例如：不同的幼儿需要不同的材料来控制压泵口的高度，教师应尽量提供多种材料；幼儿替换吸管较为困难，教师可根据幼儿的指导帮助操作，如用胶带、胶枪固定等。

在分析和比较了各种方案后，大家发现用比较牢固的材料（如毛根）来缩短压

第七章　在生活中成长

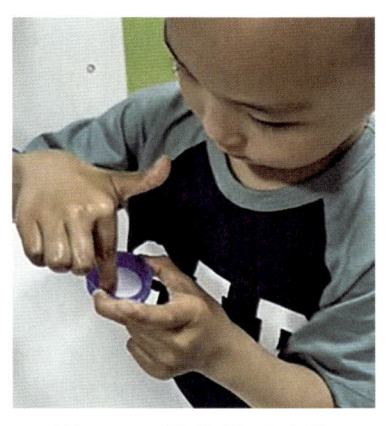 

图 7-3　幼儿尝试改造　　　　　图 7-4　改造成果之一

泵口的高度是较为合适的解决方案。这种方案使幼儿在按压洗手液瓶时可以合理地控制出液量，既减少了出液量，又足以洗干净小手。而其他方案——把洗手液瓶里的吸管换成更细的管子（操作困难、容易脱落）、用胶带或超轻黏土缩短压泵口（非常容易损坏）、用小瓶盖测量合适的使用量（麻烦）、在泵口上做记号（很难控制、容易被忽略）等都有各种各样的问题。

活动过程 5：反思

教师和幼儿回顾问题解决的整个过程。教师根据 STEM 标准，引导幼儿围绕重点环节来反思自己解决问题的方式，总结经验。

▶ 活动说明 ◀

这是一个非常有价值的探究过程。在问题得以解决后，教师带领幼儿跳出问题本身，审视自己解决问题的过程，总结其中有利于解决问题的方法，如细致的观察、根据实际的证据来分析原因与结果、通过仔细观察瓶子的结构来寻找改造方法、衡量不同解决方案的优劣并做出合理的取舍等，这些方法可以帮助幼儿更好地理解科学与工程实践。

幼儿园 STEM 教育活动设计方法与实例

幼儿评估

对幼儿的评估如表 7-2 所示。

表 7-2 对"消灭泡泡大行动"活动中的幼儿的评估

实践、概念与工程	成功	改进
实践 7-2 构建解释和设计解决方案：利用提供的工具和材料，提出解决问题的具体方案。	通过审慎的观察和分析，针对原因提出恰当的解决方案（不考虑方案是否最后被采纳）。	不能提出方案；对自己的方案无法说出基本上合理的依据。
概念 2-2 原因与结果：根据一定的证据推测、分析可能的原因，区分相关因素和无关因素。	在分析某个具体的问题时，可以根据观察到的实际证据提出观点或疑问。	不重视证据，或比较武断。
工程 3-2 优化设计方案：比较不同的设计方案，有助于更好地解决问题。	能客观地分析和比较不同方案的优劣。	凭借喜好而非效果来分析优劣；或对优劣没有判断能力，难以提出有价值的观点。

▶ 评估说明 ◀

实践 7-2：主要通过分析问题的第三个环节以及探究和计划的第二个环节来评估。概念 2-2：通过分析问题的前两个环节以及探究和计划的第一个环节来评估。工程 3-2：通过反思环节来评估。

这个活动涉及科学与工程实践的方方面面，也涉及很多跨学科概念，以上选用的三条评判标准是基于幼儿的能力和教师的教学目标来确定的。

（执笔：广东省深圳市新蕾幼儿园　林毅凤、莫嘉慧）

第七章　在生活中成长

STEM 活动：种植红薯

（3—4 岁）

活动概述

孩子们都喜欢种植这种动手实践活动。幼儿园的小菜园一般由孩子们亲自种植，我们为小班幼儿选择了"种植红薯"项目，这个项目比较符合他们的动手水平。

虽然本活动会涉及一些科学知识，但因为幼儿在实践中已有一些零散的相关经验，所以我们基本上把这个活动定义为一个工程活动，这个工程就是完成一小片土地上的红薯种植。在这个活动中，幼儿需要使用各种种植工具，将红薯成功地种进土地里，在实践中了解种植的一些注意事项。

STEM 标准

【科学与工程实践】

1-1　观察：运用各种感官了解事物的属性特征、变化和相互间的联系。

【跨学科概念】

3-2　尺寸、比例和数量：认识到量是相对的，可以比较与测量。

【工程设计】

2-1 开发可行的解决方案:方案包含解决问题需要的工具、材料、实施方法和实现的目标。

▶ 标准说明 ◀

为了解如何种植红薯,幼儿在参观红薯地时,观察到用于借鉴的重要信息(科学与工程实践1-1);在正式种植前,幼儿需要结合参观经验,对如何种植红薯提出有价值的建议(工程设计2-1);在种植时,幼儿可以妥善利用土地,并保持合理的种植间距(跨学科概念3-2)。

材料准备

本活动需要准备的材料如表7-3所示。

表7-3 "种植红薯"活动所需材料

材料	数量
讨论和参观时的材料	
画笔、记录本	若干
相机	1部
种植时的材料	
红薯	每人1个
铁铲	5把
水桶	3个
标签	10个
安全手套	每人1副

第七章　在生活中成长

续表

材料	数量
塑料铲子（不同类型）	每人 1 把
肥料	若干

▶ **材料说明** ◀

在这个案例中，幼儿使用了不同的铲子。如果教师认为本班幼儿可以挑战使用各种不同的铲子，除铲子外，可另外提供标签、水桶、帽子等辅助材料，让幼儿多一些选择；教师也可以选择其他材料来代替表格中的材料，只要大小合适，并且可用来种植就行。

活动准备

教师提前联系共享菜园，选择一片刚种好的红薯地以作为幼儿学习的模型。如果没有真实世界里的菜园模型，那么教师也可以提前种好一小块红薯地用来为幼儿提供参考。

活动过程 1：提出需求

教师告诉幼儿：我们的小菜园要开始种植活动了，小朋友们的任务是种一片红薯，过几个月大家就可以吃上自己种的红薯了。你们喜欢红薯吗？红薯是什么样子的？你们了解如何种红薯吗？

▶ **活动说明** ◀

种红薯是幼儿必须完成的一项工作，我们希望幼儿不只是把它看成作业或者任务，而是与它建立起实际的联系。在提出需求时，教师需要鼓励幼儿对这件事情多发表意见，增强幼儿的参与感。教师还可以准备一些红薯切片，给幼儿品尝。

活动过程 2：分析需求

（1）教师带幼儿参观种植园的红薯地，让幼儿观察红薯地的情况，请种植园的工人介绍红薯的栽种方法。

（2）教师请幼儿说说红薯地是什么样子的，可挖一个红薯来让幼儿观察土壤的情况。

（3）鼓励幼儿用画笔记录红薯地的样子，并拍摄相关材料备用。

▶ 活动说明 ◀

实地考察是幼儿学习种植的最好办法。幼儿可以自然地观察、了解作物种植的相关经验，如种植方法、种植深度、土壤管理、间隔距离、需要用到的工具，听专业人士讲解其中的种植原理。幼儿还可以了解到具有真正的种植经验的专业人士才掌握的"秘诀"，如红薯可以切开来种植而不会影响生长（如图7-5）。幼儿虽然不能完全理解其中的原理，但是可以对注意事项拥有大致的了解。

实地参观红薯地是符合解决问题的逻辑的关键步骤，因为它可以避免教师用直接指导的方式提出种植需求，也避免因为有了新的要求而一次又一次地反复挖出所有红薯而重新种植。

图 7-5　红薯可以切开种植

活动过程 3：计划和创造

（1）幼儿总结实地获得的经验，结合记录及拍摄资料，讨论种植所需要的材料和工具。教师帮助幼儿总结种植时需要注意的各个要点。

（2）教师和幼儿一起规划土地。教师可以将幼儿分成小组，每个小组获得一小块土地。请幼儿小组商量一共要种植多少红薯，应该如何分配自己小组的土地。

（3）领取材料和工具，种植红薯。

▶ 活动说明 ◀

种植红薯对成人来说是很简单的事情，但是对小班幼儿来说很复杂。在种植前，教师要一再强调参观和讨论时的重点，如：红薯不能挤在一起，要有一定的种植深度等。教师可以让幼儿提前规划种植位置。

在确定了大概位置后，教师可以请幼儿检查土壤的质量，是否需要先进行管理（如图7-6）。幼儿可通过检查汇报土壤情况，决定是否需要松土、清除石块、浇水等。

图7-6　幼儿进行土地管理

在前期的工作都准备好后，教师请幼儿先领取自己的材料和工具，然后开始种植。幼儿挖掘一个能放入整个红薯的有一定深度的洞并不容易，尤其是出于安全考虑所选用的塑料铲子并不实用。幼儿可能会自己寻找合适的工具，比如树枝、木棍、砖块等，这些都是可用的方法。虽然不是一蹴而就，但挖洞本身是幼儿喜欢并通过努力可以达成的任务，所以教师不必干预太多。

活动过程4：改进和反思

（1）在种植完成后，大家可以互相检查，对照之前总结的种植要点，看看是否有需要调整的地方，如某两个红薯靠得太近等。

（2）教师请每个幼儿说说种红薯最好玩的一点和最困难的一点，其他幼儿可以发表意见与看法。

幼儿园 STEM 教育活动设计方法与实例

▶ 活动说明 ◀

本活动的反思可以随着红薯的生长状况而持续进行。

幼儿评估

对幼儿的评估如表 7-4 所示。

表 7-4 对"种植红薯"活动中的幼儿的评估

实践、概念与工程	成功	改进
实践 1-1 观察：运用各种感官了解事物的属性特征、变化和相互间的联系。	在参观红薯地时，能够观察到红薯地种植的主要注意事项，提出有价值的问题。	在户外活动时不能聚焦观察，或者将注意力经常放在自己感兴趣、与主题无关的事项上。
概念 3-2 尺寸、比例和数量：认识到量是相对的，可以比较与测量。	能通过直觉和估算，对红薯的位置和间隔做出相对合理的安排；能充分利用小组的土地。	红薯的位置和间隔明显不合理。
工程 2-1 开发可行的解决方案：方案包含解决问题需要的工具、材料、实施方法和实现的目标。	根据参观经验和记录，乐于对种植方案提出各种比较符合事实的建议。	即使在教师主动询问的情况下，也不能提出自己的想法，或者方案没有太大的实际意义。

▶ 评估说明 ◀

种植红薯中涉及的科学与工程实践很多，但考虑到小班幼儿的实际认知水平与能力，我们选择以上三个评估重点。实践 1-1：主要在参观环节进行评估。工程 2-1：主要在计划和创造环节进行评估。概念 3-2：在计划和创造环节、反思环节进行评估。

（执笔：广东省深圳市龙岗区坂田街道呈祥第一幼儿园 何义婷）

第七章　在生活中成长

STEM 活动：搭建国际象棋桌

（5—6 岁）

活动概述

班上的孩子们最近在学国际象棋，但是他们一直没有合适的桌子。孩子们说：我们有那么多大积木，为什么不能自己来搭建合适的国际象棋桌呢？这个主意得到了其他孩子的一致同意，于是我们开始了这项搭建国际象棋桌的活动。

STEM 标准

【科学与工程实践】

6-1　运用数学工具：用数学方式表达量与空间的关系和变化。

【跨学科概念】

4-3　系统与模型：尝试用语言、图画或图表来表达对系统和模型的思考。

【工程设计】

1-3　定义和界定工程问题：在开始设计解决方案之前，首先应该清楚地理解需要解决的问题。

211

3-1 优化设计方案：测试的目的是找出失败的原因或者困难，确定需要改进的元素。

▶ 标准说明 ◀

在提出需求后，幼儿必须首先弄清楚对国际象棋桌的需求究竟意味着什么（工程设计1-3）。受限于材料，设计桌子的难度并不是太高，但幼儿在活动中会运用到非常丰富的数学技能（科学与工程实践6-1）。桌子虽然简单，但要满足幼儿的需求并不容易，所以幼儿需要进行多次改进（工程设计3-1）。为了在固定的空间里合理地摆放桌子，方便每个人使用，幼儿需要不断地思考如何在一个大的范围内合理设计和安放每一个物体的位置（跨学科概念4-3）。

材料准备

本活动需要准备的材料如表7-5所示。

表7-5 "搭建国际象棋桌"活动所需材料

材料	数量	备注
空心积木（大）	5块	长45cm，宽15cm，高10cm
空心积木（中）	26块	长30cm，宽15cm，高10cm
空心积木（小）	10块	长15cm，宽15cm，高10cm
长木板	11块	长60cm，宽7cm，厚2.2cm
长木板（宽）	4块	长60cm，宽14cm，厚2.2cm
短木板	20块	长30cm，宽7cm，厚2.2cm
短木板（薄）	15块	长30cm，宽7cm，厚1.1cm
塑料小凳子	32张	塑料椅子，儿童尺寸即可，参考尺寸为长30cm、宽20cm、高20cm
长尺	1把	长1m

第七章 在生活中成长

续表

材料	数量	备注
安全帽	幼儿数×1	儿童尺寸
白板	1台	
A4纸	幼儿数×1	尺寸为 29.7cm×21cm
粉笔	幼儿数×2	彩色粉笔
抹布	2块	边长为 20cm 左右
剪刀	2把	儿童剪刀
定位胶带	5卷	彩色不透明胶带，宽 0.5~1cm
便笺纸	1本	边长为 10cm 左右的正方形便笺纸
签字笔	4支	黑色签字笔
彩色马克笔	1套	12色或24色的彩笔都可以，颜色越丰富越好

▶ **材料说明** ◀

上述积木是幼儿园里现成的空心大积木，并非由教师特地挑选。当然，空心大积木一般都包含上述标准尺寸。

活动过程1：发现和提出需求

在讨论国际象棋课上的感受时，很多幼儿都提到了没有合适的桌子。教师请幼儿说说没有桌子造成了哪些不便，可以怎么解决，促使幼儿提出自己搭建合适的桌子的需求。

▶ **活动说明** ◀

教师让幼儿畅谈桌子不合适带来的感受，这引发了大部分幼儿的共鸣，使得幼儿参与活动的主动性得到了极大的提高,增强了他们解决问题的意愿。

活动过程 2: 分析需求

教师请幼儿进行头脑风暴,说出自己对搭建国际象棋桌的想法。经过记录、归纳和总结,幼儿就以下几点达成共识:

- 每人需要有一张国际象棋桌,因为大家会一起上课;
- 桌子必须有一定的舒适度;
- 桌子要整齐地摆放在合适的位置,方便象棋课教师为每一个学生提供指导。

▶ 活动说明 ◀

生活中的真实问题往往很复杂,涉及很多方面,幼儿很难有条理地分析需求。而如果幼儿不清楚需求,他们的后续活动就会陷入混乱。因此教师采用头脑风暴的办法,让幼儿畅所欲言,在这个过程中教师快速地在黑板上分类记录和整理幼儿的想法。当想法形成几个类别后,教师再引导幼儿逐一讨论这些想法的必要性和优先级,从中确定一些基础事项以作为指导幼儿后续行动的指南。

活动过程 3: 探究、计划、创造和改进(前后进行多轮)

(1)材料整理。

为了确定是否有足够的材料来搭建全班幼儿所需的桌子,幼儿决定先清点统计材料(如图 7-7),然后根据材料的情况确定桌子的设计方案。

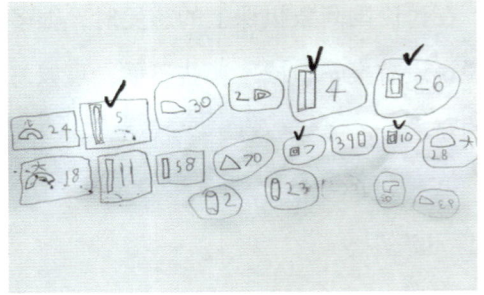

图 7-7　幼儿统计材料

第七章 在生活中成长

（2）第一次设计和搭建桌子。

幼儿根据自己掌握的材料种类和数量，分组设计桌子（如图7-8）。经过讨论，大家决定先用一名小组成员的方案来搭建（如图7-9）。这个设计方案说明了桌子的大致形状，但对具体每个部位用哪一种积木并没有做说明，所以在搭建的过程中，幼儿为了尽可能多地搭建一些桌子，比较灵活地使用不同的积木，所以搭出了高矮长短不完全一致的桌子。

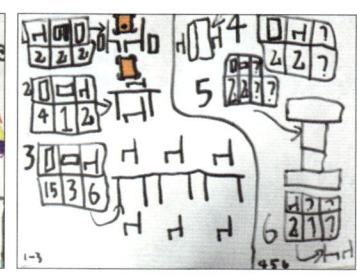

图7-8 三个设计方案

图7-9 举手表决，选择第一个设计方案

（3）第一次测试。

在按照入选的第一个方案搭建好后，幼儿得到高桌子1张、中桌子7张、矮桌子4张。幼儿对桌子进行了测试：桌子上能否放下棋盘？桌子是否适合小朋友的身高？

根据测试结果，幼儿提出了一些意见：桌子的舒适度基本让人满意；桌子的数量不够32个人使用；桌子高矮不一，比较混乱。

（4）改进——第二次设计和搭建桌子（如图7-10）。

215

图 7-10　第二次设计和搭建桌子

在测试中大家达成了共识，桌子的设计方案要基本统一，并且一定要满足 32 位小朋友的需求。为了达到这个目的，幼儿绘制了新的设计图，使用便笺对每张桌子的使用人数做了标记；同时根据积木的数量，重新调整了桌子的设计。

（5）第二次测试。

经过第二次设计和搭建，可供 32 名幼儿使用的桌子搭建完毕。经过测试，大家都认为这些桌子比较符合要求。但是有幼儿提出了新的问题：桌子只在每周一次的象棋课上用到，平时积木还要收起来，那么每次都要搭建不是很麻烦吗？

经过讨论后，大家认为，每次搭建是难以避免的，但是，如果每个小朋友都清楚如何搭建自己的小桌子，并且知道在什么地方搭建，那么每次课前大家一起快速搭建好，课后收拾好积木，就可以解决这个问题。因此，新的需求被提出来：①制作桌子搭建说明书；②确定桌子的搭建位置。

（6）绘制桌子说明书，制作地面标识以解决每次的搭建问题（如图 7-11）。

幼儿分组绘制说明书，每次绘制完毕，就请其他幼儿测试是否能看得懂。这样经过几轮改进，最后确定了一份公用的说明书。

幼儿在制作地面标识的过程中经历了几轮不同方案的改进，他们用粉笔、胶带等工具在地面上反复测试，最后确定了最详尽的方案。这个最终方案既可以提示位置，也对积木数量做了一定的说明，获得了幼儿的集体认可。

第七章 在生活中成长

图 7-11 桌子位置的地面标识

▶ 活动说明 ◀

活动过程 2 记录了实际活动过程中的一部分核心内容。事实上，在整个活动过程中，幼儿的思维没有严谨的逻辑，他们经常会产生一些发散性的想法，如要创新椅子的结构或者拼搭异形桌子。教师并没有干涉幼儿的想法，而是尽量给出时间和空间让他们探索。因此在核心方案之外，幼儿还提出了其他一些方案。尽管这些方案最终没有得以实施，但在这个过程中幼儿的实践能力获得了锻炼。

就教师来说，在"一片混乱"中抓住的核心逻辑线索就是：首先始终牢记目标，把"满足需求"作为所有活动的标准，时刻提醒幼儿在分析需求时抓住确定的三项内容；其次，谨慎把握过程，遵循工程设计的流程，引导幼儿反复进行设计、创造、测试、改进。抓住了这两点，活动就能在貌似混乱的场景中稳步走向问题的最终解决。

因此，在整个活动中，幼儿的科学与工程实践能力的提高，从大的方面也体现了以上两点。除此以外，幼儿还需要大量使用数学工具，对数量、空间、测量、统计都有很深入的探讨和运用。受限于数学知识的水平，他们的方法在成人看来颇为笨拙，但充分地显示了幼儿解决问题的灵活性。

活动过程 4：反思

在问题得到解决后，教师带领幼儿回顾整个过程，让幼儿分享自己在解决问题的过程中印象最深刻的时刻。教师也围绕评估重点，总结并庆祝大家在这一过程中发展的工程实践能力和思维。

幼儿园 STEM 教育活动设计方法与实例

▶ 活动说明 ◀

能力是实践和思维统一的结果。幼儿经常更关注实践，教师可以帮助幼儿培养反思自己的思维的习惯，从而让幼儿更好地理解自己的学习。

幼儿评估

对幼儿的评估如表 7-6 所示。

表 7-6　对"搭建国际象棋桌"活动中的幼儿的评估

实践、概念与工程	成功	改进
实践 6-1　运用数学工具：用数学方式表达量与空间的关系和变化。	在整个过程中，幼儿能积极地动用自己已有的数学知识、技能和经验来解决面临的实际问题，并且获得一定的成功，尽管采用的可能不是最佳或最快的方法。	在面临问题时，很难灵活运用现有的数学技能解决一些基本问题。
概念 4-3　系统与模型：尝试用语言、图画或图表来表达对系统和模型的思考。	能找到合适的方式来表达自己对桌子摆放的位置和场地的思考。	无法借助于合理的途径来思考和表达空间整体与部分的关系。
工程 1-3　定义和界定工程问题：在开始设计解决方案之前，首先应该清楚地理解需要解决的问题。	能够对细化"搭建桌子"的需求提出合理的意见和看法。	对"搭建桌子"的具体需求不清楚或提出的想法完全不现实。
工程 3-1　优化设计方案：测试的目的是找出失败的原因或者困难，确定需要改进的元素。	能够结合需求和自己测试的感受，对产品提出具体的改进意见。	没有改进意见，或者所提出的改进意见不具体，如只是说"不喜欢""不舒服""不好用"等。

▶ 评估说明 ◀

评估复杂的现实问题对于教师来说不容易，因为幼儿的表现非常复杂，其行为

第七章 在生活中成长

可能涉及每一个科学与工程实践,以及多个跨学科概念。所以在面临复杂的STEM活动时,教师需要学会把握重点。

实践6-1:对数学的运用贯穿在整个活动过程中,教师可以持续观察,有意识地捕捉幼儿的亮点,及时为遇到困难的幼儿提供支持。概念4-3:主要在活动过程3中评估。工程1-3:主要在活动过程2中评估。工程3-1:主要在活动过程3中评估。

(执笔:广东省深圳市龙华区教科院幼教集团附属幼儿园 罗淋、刘金林)

STEM活动:嘎吱嘎吱的木桥
(5—6岁)

活动概述

坐落在沙池处的桥,虽然只是在沙池一侧浅浅的水沟上,但是幼儿很喜欢通过这座可爱的小桥进出沙池。孩子们发现桥面出现了破损,当人走在桥上时,整个桥体会发出嘎吱嘎吱的声音。这对他们来说是个大事件。作为大班的孩子,他们认为自己有义务为所有小朋友修好这座重要的桥。而教师也很乐于提供支持，观察幼儿如何应对这项对成人来说也不寻常的挑战。

STEM 标准

【科学与工程实践】

9-2 获取和交流信息：使用科学语言、图画或图表来交流自己对科学和工程的想法。

【跨学科概念】

7-1 稳定与变化：认识到稳定需要一定条件的支持。

【工程设计】

2-1 开发可行的解决方案：方案包含解决问题需要的工具、材料、实施方法和实现的目标。

4-2 材料和工具：工具的功能有利于解决特定的技术问题。

▶ 标准说明 ◀

幼儿在发现问题后，需要提出有针对性的解决方案（工程设计 2-1）；在整个过程中，他们用语言、图画等方法频繁地交流想法（科学与工程实践 9-2）；在修桥时，他们探索了多种工具和工艺（工程设计 4-2）；最后，为了让嘎吱嘎吱的木桥变得更稳定，他们围绕加固的方法和材料进行了探索（跨学科概念 7-1）。

材料准备

本活动需要准备的材料如表 7-7 所示。

表 7-7 "嘎吱嘎吱的木桥"活动所需材料

材料	数量
钉子	不同长短，数量充足

第七章　在生活中成长

续表

材料	数量
锯子	2 把
木板	2~3 块
螺丝刀	3~5 把
黏土、胶带	足量
锤子	3~5 把
安全帽、儿童安全手套、护目镜	每人 1 个（副）

▶ 材料说明 ◀

以上材料是幼儿园木工房里常备的材料和工具。黏土、透明胶是幼儿认为可以用来修补木桥的材料，可以从教室里的工具储备箱中找到。

活动过程 1：发现问题，提出需求

在沙池写生的幼儿，意外发现桥破损了，于是赶紧将这个"大事件"告诉老师和其他小朋友。教师问大家：发生这样的事情应该怎么办？经过讨论，幼儿提出了三个解决方案：

- 必须将问题通知给幼儿园里的所有人；
- 在桥旁边安放警示牌；
- 把桥修补好。

▶ 活动说明 ◀

幼儿们对生活中的问题总是有很多想法，但如果只是让幼儿自行讨论，那么这些想法就会变成闲聊，很快就会被幼儿忘记。教师如果发现教学机会，就需要及时组织幼儿讨论，帮助幼儿整理想法，并支持他们继续探索下去。

活动过程2：分析需求

针对三个需求，幼儿分别就具体内容展开了讨论。

（1）发警示通知：这个问题和哪些人关系最密切？谁最需要了解这个信息？通过什么样的方式能够把信息传达给这些人？

（2）在桥旁边安放警示牌：警示牌上应该有哪些内容？警示牌放在哪里容易被使用者看到？

（3）把桥修补好：只修补损坏的地方，还是要整体修缮？需要在什么时候完工？

▶ 活动说明 ◀

分析需求是非常重要的工程设计过程，可以使幼儿对问题思考得更周全，设计出的解决方案更具有针对性、更有效。例如：经过分析，他们认为，小朋友是最容易受伤的人（桥非常小，对成人来说构成不了大的麻烦），但是他们很难把信息传达给每个小朋友（如图7-12所示），而制作警示视频并请教师将信息转告小朋友可能是更好的办法（如图7-13所示）。幼儿在这个过程中需要仔细地分析需求——为了谁、满足什么需要以及要达到怎样的效果，这样才能更好地提出解决方案。

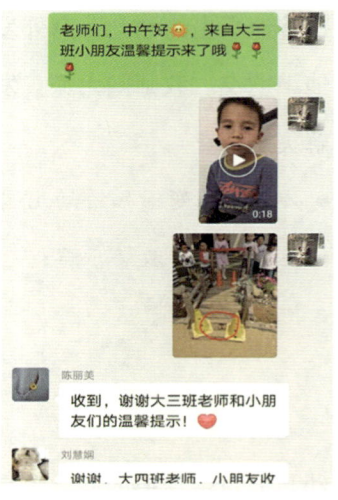

图7-12　幼儿去每个班口头转达警示信息　　图7-13　幼儿请教师转发警示信息

活动过程3：探究和创造

针对三个需求，幼儿制定出不同的解决方案并实施（如图7-14）。前两个需求，解决方案相对来说难度不大，在教师的技术支持下，幼儿很快就完成了任务。

图7-14 设置围栏和警示牌，提醒大家危险

对于如何维修桥，大家一致同意"桥整体上还是可以用，把破损的木条修好就可以"这条意见。修桥的问题细化成了修补破损的木条，幼儿提出了如下解决方法（如图7-15）。

- 更换木条。
- 用相同形状的小木块填补破洞。
- 用沙子或水泥填补破洞。

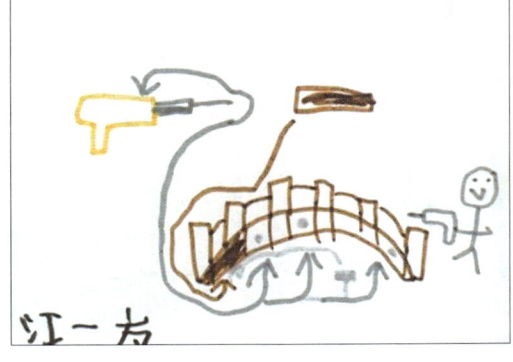

图7-15 两个小朋友描绘的修补方案

针对每一种解决方法,大家又提出了所需要的工具、材料和相应的技术、工艺(如图 7-16)。

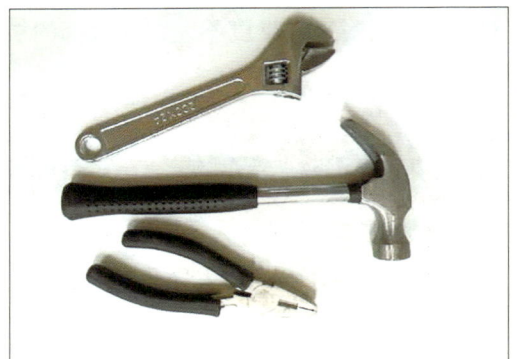

图 7-16 收集工具并探讨使用工具的方法与安全事项

幼儿对方案进行了测试,最终淘汰了后面两个方案,实施了第一个方案。

▶ 活动说明 ◀

在探讨和测试不同方案的可行性时,幼儿充分地体验了材料、工具、工艺等各种客观条件对工程实施的限制(见图 7-17)。用相同形状的小木块填补破洞——当他们描绘出破洞的形状时,发现用锯子把木块制作成特殊的形状要求极高的工艺水平,只得放弃;用水泥或沙子来填补——他们请教了建筑工人,发现不同材料的拼接有更高的技术要求,也只得放弃。因此最终入选的可行方案,竟然是一开始大家认为最浪费材料的第一个方案,这个方案相对来说难度更低,这是对幼儿深具启

图 7-17 拆掉坏木板,换上新木板,用钉子给木板加固

第七章 在生活中成长

发性的时刻。在修补过程中，幼儿使用了锯子、钉子、锤子、螺丝刀等各种工具，发现了不同工具的奇妙功能。

在面对真实的问题时，我们也更容易观察到孩子们不同的经验水平。有的幼儿在解决问题的过程中，对问题和相关的要素获得了越来越客观的认知，像一个真正的木工那样考虑问题；而有的幼儿还在发展对不同材料的认知，他们认为黏土、胶带这些东西也可以修补木桥。奇妙的是，孩子们对这些不同水平的表现具有很高的包容度，如小木工也认可在加固时加上黏土。最终在实践的检验中，使用黏土、胶带的小朋友认识到这些材料是不符合木桥这种工程要求的。

活动过程 4：测试和改进

（1）幼儿请其他班的小朋友和教师来测试改造后的木桥，大家觉得没有洞的木桥对小班的幼儿来说安全多了，同时又提出桥的使用时间很长，所以会嘎吱嘎吱响。既然可以修好破木板，是不是也可以进一步改进呢？

（2）幼儿使用在之前过程中学习到的技术，用钉子、锤子对整座木桥进行了加固。

▶ 活动说明 ◀

桥上有一个破洞，最容易受伤的是小班幼儿，他们的鞋可能被破洞卡住。因此在测试时他们特别邀请了小班的小朋友来测试他们的工作成果，适时提出了他们现在可以尝试完成的任务——对整座桥进行加固，这为小小工程师们提供了培养精益求精的工匠精神的机会。

活动过程 5：反思

（1）教师和幼儿回顾整个活动，请幼儿说说在这个过程中自己印象最深刻的事情是什么，自己最高兴的事情是什么，自己学会了什么本领。

（2）教师请幼儿讨论木桥这样加固后是否还有危险，还可以怎么办。

幼儿园 STEM 教育活动设计方法与实例

（3）教师从工程思维的角度帮幼儿总结整个学习过程，让幼儿进一步认识到工程思维可以帮助我们解决生活中的问题。

▶ 活动说明 ◀

幼儿刚开始时"异想天开"，最终将修桥这件事一步步变成现实。在这个过程中，幼儿经历了一次意义重大的学习体验。教师抓住这个机会，帮助幼儿总结奇迹发生的原因，更深刻地理解学习的意义和解决问题的方法，希望能够为他们未来的学习和问题解决能力的培养做一次有力的铺垫。

幼儿评估

对幼儿的评估如表 7-8 所示。

表 7-8 对"嘎吱嘎吱的木桥"活动中的幼儿的评估

实践、概念与工程	成功	改进
实践 9-2 获取和交流信息：使用科学语言、图画或图表来交流自己对科学和工程的想法。	能够比较清晰地用语言和图画表达自己的想法，比较准确地描述工程中的具体行为。	对表达清楚与工程相关的想法有明显的困难。
概念 7-1 稳定与变化：认识到稳定需要一定条件的支持。	能从稳定和变化的角度思考木桥损坏的后果和加固的需求，考虑到用稳定来衡量修桥是否成功。	很少从稳定的角度考虑木桥问题，只是停留在"坏了就应该修"这种一般性认识上。
工程 2-1 开发可行的解决方案：方案包含解决问题需要的工具、材料、实施方法和实现的目标。	在教师的引导下，能够对解决方案所包含的各种要素提出有用的建议。	对解决方案很少提出自己的想法，对他人的想法也很少提出意见。

续表

实践、概念与工程	成功	改进
工程4-2 材料和工具：工具的功能有利于解决特定的技术问题。	能够大胆地尝试各种工具，发现不同的工具可以解决不同的问题。	认为自己不太可能使用这些"大人"的工具，对使用工具和材料的想法过于脱离当下的实际问题。

▶ 评估说明 ◀

实践9-2：可以从整个过程中幼儿在交流和表达上的表现来综合评估。概念7-1：主要考察幼儿在讨论木桥损坏的原因、后果和具体修补的过程中是否能联系"稳定"一词和相关表达。工程2-1：可以考察幼儿在三个需求的解决方案上的贡献，幼儿的偏好、兴趣与能力的不同，可能也会表现在对不同需求的解决方案上，如果幼儿在宣传和警示危险方面也能提供好的解决方案，那么幼儿的问题解决能力同样可以得到认可。工程4-2：主要考察幼儿对各种工具的态度、想法和实际的操作情况。

（执笔：广东省深圳市龙岗区坂田街道呈祥第一幼儿园　何义倩）

附录1

3—6岁儿童STEM学习标准（测试版）

@新儿童教育研究所

根据美国《K—12科学教育框架》和NSTA《关于幼儿科学教育的立场声明》编制。

科学与工程实践

实践1：观察

1-1 运用各种感官了解事物的属性特征、变化和相互间的联系。

1-2 有目的地审视事物以获得有意义的信息和数据。

实践2：提问和界定问题

2-1 提出关于自然和人造世界的问题。比如：为什么会下雪？蜂巢是怎么做出来的？为什么那个结构会倒塌？电是从哪里来的？

2-2 区分科学问题和非科学问题。比如：为什么氦气球会升起（科学问题）？这些彩色气球中哪个最漂亮（非科学问题）？

2-3 提出并完善科学问题，并将其用于设计探究方案。

2-4 对结论进行追问。比如：你是怎么知道的？有什么证据支持这个论点？

2-5 针对需求提出相关的问题，以帮助明确解决方案的约束条件和标准。

实践3：表征和创建模型

3-1 创建图示、图表或简单的实物模型来表示或解释一些现象或设计。比如：画一幅带有标记性特征的昆虫的图画；创建一个汽车模型并解释其设计。

3-2 讨论一个模型作为一个现象或设计的表现形式的局限性和精确性，并根据证据或反馈改进模型，以提高模型的解释能力。

实践4：计划并开展探究

4-1　在成人的引导下考虑问题的相关因素和无关因素。

4-2　在成人的引导下讨论需要什么工具来收集数据、如何收集以及如何记录数据。

实践5：分析和解释数据

5-1　在成人的引导下使用图画、图表和符号组织数据。

5-2　对数据提出有意义的解释，分析数据是否与最初的假设一致。

实践6：运用数学工具

6-1　用数学方式表达量与空间的关系和变化。

6-2　使用合适的比较与测量工具。

实践7：构建解释和设计解决方案

7-1　利用科学知识或证据对自己所观察到的情况做出解释。

7-2　利用提供的工具和材料，提出解决问题的具体方案。

7-3　根据设计的目的（如功能、效果等）来解释设计方案。

实践8：基于证据进行讨论

8-1　对自己或他人的发现提出与科学和工程相关的问题。

8-2　使用数据或证据进行科学讨论，以完善主张。

实践9：获取和交流信息

9-1　理解科学、工程类图书与资料所传达的关键信息，了解科学、工程类信息的主要特点。

9-2　使用科学语言、图画或图表来交流自己对科学和工程的想法。

附录1

跨学科概念

概念1：模式

模式无处不在，出现在重复的形状、结构、事件和关系中。观察事物的特征及其形成的模式，可以用来组织和分类，并帮助理解事物的关系。

1-1　认识到生活中的事物存在模式，能识别生活中常见的模式。比如：花朵、雪花的结构模式；太阳和月亮遵循一定的模式出现在天空中。

1-2　根据特征对事物进行归类。比如：昆虫有6条腿，其身体分为头、胸、腹三部分。

概念2：原因与结果

科学中最重要的问题是关于为什么，某事是怎么发生的。任何科学应用或工程方案都取决于对因果关系的理解。

2-1　在观察到某种现象时思考现象产生的原因。这是怎么发生的？为什么会这样？比如：池塘里的水是怎样形成和消失的？苹果树是怎样长大的？

2-2　根据一定的证据推测、分析可能的原因，区分相关因素和无关因素。比如：没有水的种子没有发芽，放了水的种子发芽了，这说明种子发芽一定需要水。

概念3：尺寸、比例和数量

事物具有不同的尺寸、比例和数量，对不同量的感觉和认识是科学认知的重要基础。

3-1　通过周围的世界和自己的生活来理解各种量的变化。比如：大小、冷热、快慢等。

3-2　认识到量是相对的，可以比较与测量。比如：用弹珠和乒乓球来代表月亮和地球以比较大小。

3-3　了解不同的测量单位和测量工具。

3-4　通过估算来理解和解决问题。比如：至少需要20块积木才能拼出这么长的轨道。

概念4：系统与模型

自然和设计的世界非常复杂，将世界分成小的部分有利于个体理解和研究世界，这些小的部分就称为系统。系统是由一系列相关要素构成的整体，系统的各个部分是互相依赖的。系统的边界取决于我们需要理解的问题，如宇宙中的太阳系、地球上的生态系统或者人体内的呼吸系统。

4-1 理解万事万物不是孤立存在的，而是相互作用、相互依赖的。比如：蜜蜂采花蜜来获取食物，而花朵通过蜜蜂采花蜜的过程来传播花粉。

4-2 理解可以通过分析其组成要素来对某种现象或对象予以解释。比如：球从斜坡自然滚落的速度，可以通过分析斜坡的高度、斜坡表面的特征等因素进行预测。

4-3 尝试用语言、图画或图表来表达对系统和模型的思考。比如：用图示表现水的形态的变化，画出卫星的设计图。

概念5：物质和能量

无论是人类世界还是自然世界都遵循这样的定律：能量的流动、循环和守恒是物质形成和变化的基础。比如：在地球生态系统中的水循环，每一次水的流动和变化都涉及能量的转移。

5-1 了解物质在一定的条件下会发生形态变化。比如：随着温度的变化，水会在液态、固态和气态间转化。

5-2 理解物质是能量的载体，了解人类世界需要的各种能源。比如：燃烧煤炭可以释放能量。

概念6：结构与功能

自然系统和人工系统的功能都取决于某些关键部位的形状和关系，以及制造这些部件的材料的特性。了解一个物体或生物是如何运作的，最好的方法是观察它的结构和功能。

6-1 探索生活中各种物体或生物的结构和功能，发现结构和功能之间的关系。

附录1

比如：独角仙的翅鞘和翅膀分别有什么作用。

6-2 运用合适的材料，通过创造结构来实现某种功能。比如：用绳子和钩子建造一个滑轮，将玩具从低处拉到高处。

概念7：稳定与变化

事物只有在满足一定条件的情况下才能处于稳定状态。当条件发生变化时，事物也随之发生变化。

7-1 认识到稳定需要一定条件的支持。比如：三角形结构比圆形结构更稳定；在室温比冷冻柜里的温度高很多的情况下，冰激凌如果没有被放在冷冻柜里，就会融化。

7-2 探索引发不稳定或者变化的条件以思考某种现象，或解决某个问题。比如："火山为什么会突然爆发？""怎样用纸做出某种结构来支撑一定的重量？"

工 程 设 计

1：定义和界定工程问题

1-1 通过工程可以解决需要改变或创新的情形或问题。

1-2 提问、观察和收集信息有助于思考问题。

1-3 在开始设计解决方案之前，首先应该清楚地理解需要解决的问题。

2：开发可行的解决方案

2-1 方案包含解决问题需要的工具、材料、实施方法和实现的目标。

2-2 草图、图纸或实物模型可以呈现设计思路，帮助人们交流解决方案。

3：优化设计方案

3-1 测试的目的是找出失败的原因或者困难，确定需要改进的元素。

3-2 比较不同的设计方案，有助于更好地解决问题。

4：材料和工具

4-1 材料的特性影响到其功能和完成任务的效果。

4-2 工具的功能有利于解决特定的技术问题。

附录2
科学思维流程

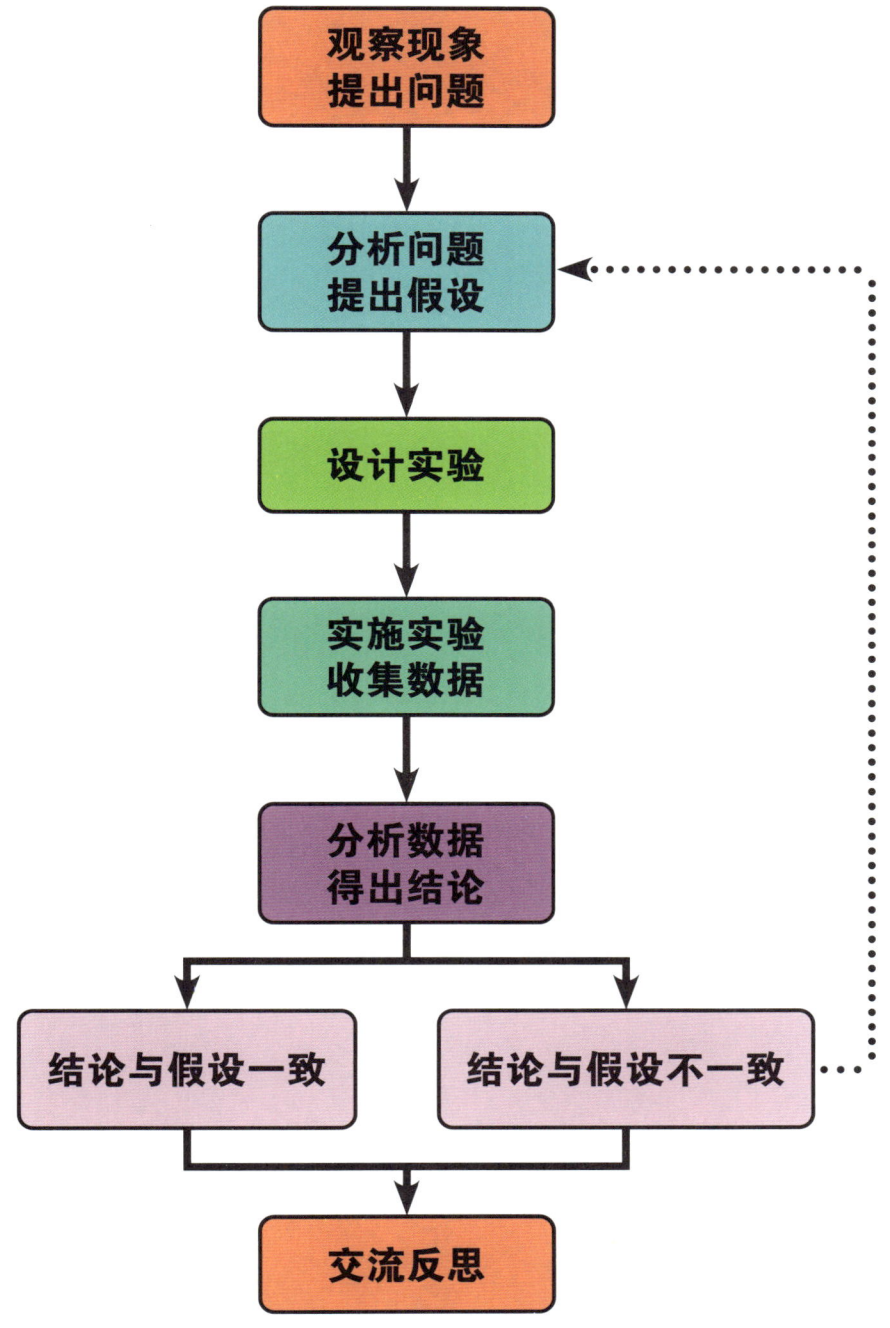

235

附录 3
工程思维流程

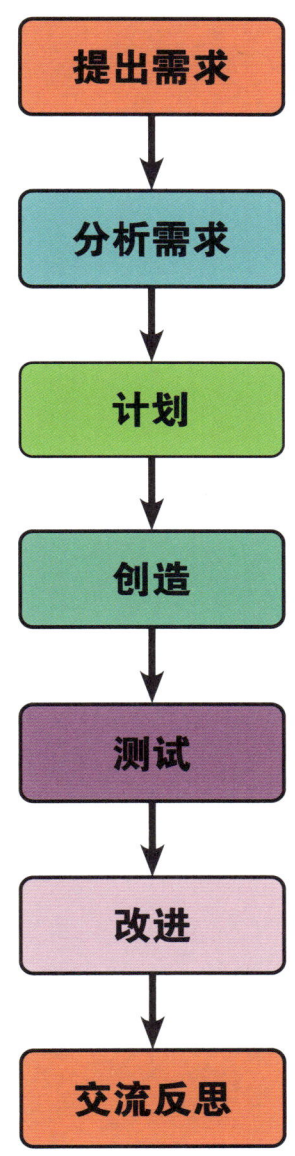

237

参 考 文 献

[1] 826全美. 基于课程标准的STEM教学设计[M]. 林悦, 译. 北京: 中国青年出版社, 2018（3）.

[2] 霍林, 德怀尔. STEM课程如何设计: 从STEMT理念到课例[M]. 刘恩山, 等译. 北京: 外语教学与研究出版社, 2020.

[3] 美国埃里克森儿童发展研究生院. 幼儿数学核心概念[M]. 张银娜, 侯宇岚, 田方, 译. 南京: 南京师范大学出版社, 2021.

[4] 乔纳森. 学会解决问题: 支持问题解决的学习环境设计手册[M]. 刘名卓, 金慧, 陈维超, 译. 上海: 华东师范大学出版社, 2015.

[5] DUNCAN G J. School Readiness and Later Achievement [J]. Developmental Psychology, 2007, 43（6）.

[6] Early Childhood STEM Working Group. Early STEM Matters: Providing High-Quality STEM Experiences for All Young Learners [R]. 2017.

[7] ESHACH H, FRIED M N. Should Science be Taught in Early Childhood?[J]. Journal of Science Education and Technology, 2005, 14（3）.

[8] MEETEREN B D V. Investigating Ramps and Pathways With Young Children[M]. New York: Teachers College Press, 2022.

[9] National Academy of Engineering, National Research Council. Engineering in K-12 Education: Understanding the Status and Improving the Prospects[M]. Washington: The National Academies Press, 2009.

[10] National Research Council. A Framework for K-12 Science Education: Practices, Crosscutting Concepts, and Core Ideas [M]. Washington: National Academies Press, 2012.

[11] NSTA Board of Directors. POSITION STATEMENT: Early Childhood Science Education[S]. 2014.

[12] PEDASTE M. Phases of Inquiry-based Learning: Definitions and the Inquiry Cycle[J]. Educational Research Review, 2015, 14（1）.

[13] RUNCO M A. 创造力：当代理论与议题[M]. 邱皓政，丁兴祥，译. 台北：心理出版社股份有限公司，2008.

[14] Shelley Pasnik and Naomi Hupert Education Development Center. Early STEM Learning and the Roles of Technologies [R]. 2014.

[15] The Joan Ganz Cooney Center at Sesame Workshop. STEM Starts Education in Early Childhood[R]. 2017.

[16] WILKINSON K. The Art of Tinkering[M]. Weldon Owen, 2014（2）.

[17] WOLFGANG C H, STANNARD L L, JONES I. Block Play Performance Among Preschoolers As a Predictor of Later School Achievement in Mathematics[J]. Journal of Research in Childhood Education, 2001, 15（2）.